봉   잡은 ―― 인생

봉 잡은 인생

삶의 가동 범위를 넓히는
본격 건강 독려 프로젝트

한승혜

디플롯

아무도 지켜보지 않지만
모두가 공연을 한다.

_비비언 고닉

들어가며

폴을 만나 내 인생이 홀딱 뒤집어졌다!

폴댄스. 과거에는 '봉춤'이라고도 불렸던, 움켜쥐었을 때 한 손 안에 들어오는 굵기에 바닥에서 천장까지 이어진 길쭉한 금속 봉을 이용하는 이 운동을 시작한 지 햇수로 5년이 지났다. 수강 횟수로는 1000회 이상, 시간으로는 약 3000시간.

3000시간이면 매일 하루에 한 시간씩 운동해도 8년 가까이 소요된다. 5년차 폴댄서라더니 이게 무슨 소리냐고? 무슨 소리긴 무슨 소리겠나. 거의 매일, 하루에 몇 시간씩 운동했다는 이야기지.

몇 해 전 한 편집자를 만났을 때였다. 서로의 근황을 공유하다가 운동이 화제로 떠올랐고, 당시 기회만 생기면 폴댄스에 대해 이야기하지 못해 안달하던 나는 어김없이 또 이 운동을 화제로 끌고 왔다. 즐겁게 떠드는 나를 보며 편집자가 "보통 수업은 일주일에 몇 번 정도 가세요?"라고 물었는데, 대답하지 못하고 잠시 침묵해야만 했다. 즉각 계산이 되지 않았기 때문이다.

그러면서 일주일에 몇 '번'이 아니라 하루에 몇 '회'씩 수강하는지 셈해야 한다는 사실을 깨달았다. 매일같이 하루에도 2~3회씩, 아침저녁으로 수업을 듣고 있었던 것이다! 머뭇거리는 나를 본 편집자는 "서… 설마 매일 가시나요?"라고 되물었고, 실제로 그러하다는 사실을 알고 경악을 금치 못했다. 선수도 아닌데 그토록 종일 운동을 하느냐는 표정. 하긴, 폴러(폴을 타는 사람)가 되기 전이었다면 나 역시 같은 반응을 보였을 터다.

체험차 처음 학원에 방문했을 때만 해도 마스크를 착용하고 있었다. 코로나 때문에 집 밖에서 종일 쓰고 다녀 마치 피부의 일부처럼 느껴지던 마스크가 정신을 차려보니 어느 틈에 얼굴에서 사라졌다. 폴댄스를 시작할 때 아직 어린아이였던 첫째와 둘째는 모두 이제 어엿한 초등학생이 되었다.

내가 한 가지 운동을 이토록 꾸준히 하게 될 줄은 몰랐다. 맙소사, 내가 '규칙적으로' 그리고 '자발적으로' 운동하는 날이 오다니. 폴댄스에 몰입하는 나를 보면서 남편은 정말 대단하다고 말했다. 하지만 이는 존경과 감탄 어린 칭찬이라기보다는 '질렸다'에 가까운 반응이었다. 운동하면 건강에 좋을 텐데 왜 질리나 싶겠지만, 그것도 어지간할 때의 이야기. 틈만 생기면 운동하겠다고 뛰쳐나가고, 입만 열면 운동 이야기를 하고, 무슨 일이든 운동에 갖다 붙이다 보면 어느새 주위 사람들이 제발 적당히 좀 하라고 혀를 차는 광경을 보게 된다.

이게 뭐라고, 폴댄스가 뭐라고

아침부터 밤까지 머릿속에서 폴이 떠나지 않는 날이 많았다. 폴 때문에 웃고 폴 때문에 울었다. 운동하지 않는 시간에도 관련 영상을 보았고, 잘 때면 꿈에서도 폴을 타곤 했다. 잘하고 싶어서 그토록 좋아하던 술을 조절했으며(차마 끊지는 못했다), 평생토록 기피하던 스트레칭을 아침저녁마다 규칙적으로 했다. 내 생에 영 인연이 없으리라 생각했던 단백질 파우더까지 챙겨 먹기 시작했다. 침실 문틀에 아저씨들이나 한다고 생각했던 턱걸이용 철봉을 설치하고, 집안일 하는 틈틈이 덤벨을 들어 올렸다. 체중 조절을 넘어 근력을 강화시키고 근육량을 늘리는 데 더 관심을 갖게 되었다. 온 삶이 폴을 중심으로 돌아가기 시작했다.

한번은 남편이 물었다. 온몸이 멍투성이에 무섭고 힘들고 고통스러워 보이는데, 대체 무엇이 그렇게 재미있느냐고. 나는 잠시도 망설이지 않고 대답했다. 무섭고 힘들고 고통스러워서 재미있는 거라고.

살다 보면 원하든 원하지 않든 여러 가지 도전을 하게 된다. 입시, 취업, 짝사랑하던 사람을 향한 고백, 다이어트와 같은 온갖 목표와 다짐들…. 가볍게 계획하고 실행에 옮기기도 하지만 큰마음을 먹어야 시도할 수 있는 것들도 있다. 모든 목표와 도전에는 성공 혹은 실패가 따라오는데, 당연하게도 이 세상에 실패를 좋아하는 사람은 없다. 실패의 경험은 우리를 좌절하게 만들고, 좌절이 반복되면 제아무리 자신감이 넘치던 사람이라 해도 의기소침해진다. 아니, 의기소침을 넘어 스스로를 미워하게 된다. 자존감은 바닥으로 떨어지고 고뇌에 빠지기도 한다. 이러한 이유로 어떤 도전이든 쉽지 않은 것이다.

물론 실패가 괴로운 만큼 성공했을 때의 보상 또한 분명하다. 실패한 시기가 길었을수록, 이루는 과정이 험난했을수록 감격과 기쁨은 배가된다. 포기하지 않고 끝끝내 도전한 스스로가 기특하게 느껴지고, 몸에서 아드레날린과 도파민이 뿜어져 나오면서 엄청난 희열을 경험한다. 뭐든지 할 수 있을 것 같고 스스로가 자랑스러운 기분, 무엇도 두렵지 않은 엄청난 자신감, 마치 세상을 다 가진 것 같은 충만함과 만족감, 실패가 두려워도 끊임없이 도전하는 이유는 바로 이 성공의 희열과 기쁨 때문이다.

폴 위에서는 이처럼 다양한 감정을 하루에도 몇 번씩 경험하게 된다. 폴댄스는 기본적으로 몸을 이용하여 여러 가지 동작을 구사하는 운동이다. 꺾고, 찢고, 휘고, 들고, 감는, 땅에서도 하기 어려운 온갖 기술들이 공중에서라고 쉬울 리 없다. 당연히 무척이나 힘들 뿐더러 고통스럽다. 무섭다. 실패할 위험이 크며 실제로 실패를 맛보면 좌절과 번민을 겪게 된다. 그럼에도 계속하다 보면, 아주 가끔 성공에 도달해 짜릿한 기쁨을 맛보기도 하고, 그러다 종종 엄청난 희열과 환희가 찾아오기도 한다.

더불어 이런 실패와 성공이 점철되는 와중에 덩달아 경험하는 감정들이 있다. 남들은 모두 잘하는데 나만 뒤쳐지는 듯하고, 초라하고, 불편하고, 스스로가 한없이 보잘것없는 사람인 것 같은 기분, 다들 행복해 보이는 와중에 나 홀로 지질하게 궁상떠는 것 같은 순간들, 이 기분을 폴을 타면서도 여지없이 느끼게 된다. 고작 운동일 뿐인데 이게 뭐라고, 세상을 다 잃은 것처럼 낙담하고 좌절한다는 사실 자체로 더욱 '현타'가 오기도 하고, '나는 왜 이럴까. 왜 이것밖에 안 될까'라며 혼란과 분노가 일기도 한다. 폴 위에 한 번 오를 때마다 한 가지의 도전을 하게 되는 셈이다.

한때는 무엇이든 노력하는 만큼 보상받을 수 있다고, 1을 주면 1이 고스란히 돌아오는 것이 세상의 이치라고 믿었다. 지금은 그 또한 환상임을 안다. 투자한 만큼 돌려받을 수 있는 사람은 운이나 재능을 타고난 것이다. 삶의 많은 순간은 수학 공식과 다르게 1을 투자하여 1을 돌려받기는커녕 그대로이기만 해도 다행인 경우가 많다는 것을 폴을 타며 배웠다. 타고난 여건과 재능과 몸과 마음에 따라 결과물이 천차만별일 수 있다는 것을, 하지만 때로는 결과물보다 더 중요한 것이 존재한다는 사실까지.

남편에게 말했다. 폴을 좋아하는 가장 큰 이유는 살아 있음을 느끼기 때문이라고, 게임에 앞서 시뮬레이션을 돌리듯, 폴을 타는 동안 삶의 희로애락을 경험할 수 있어서, 고뇌와 환희, 고통과 쾌감, 기쁨과 슬픔이 그 안에 모두 응축되어 있어서 폴댄스가 좋다고 말이다.

비단 폴댄스만의 이야기는 아닐 것이다. 한 가지를 꾸준히 지속하다 보면 결국은 비슷한 지점에서 깨달음을 얻게 된다. 학교에서, 직장에서, 육아에서, 사랑에서. 달리기나 등산 같은 운동은 물론 음악이나 미술, 글쓰기 등 창작 활동에 이르기까지, 따지고 보면 살면서 겪는 모든 활동이 궁극적으로는 삶 그 자체인 것 같다. 관계 또한 마찬가지다. 얼마나 오랜 시간을 투자하고 많이 노력하느냐에 따라 결과가 달라질 수 있지만, 반드시 그것만으로 성공 여부가 결정되지는 않으며, 과정에서 무궁무진한 감성을 느끼고 경험할 수 있다는 차원에서.

다만 폴댄스만의 눈에 띄는 특징을 꼽자면, 폴을 탈 때는 인생의 희로애락을 단시간(1분 내외) 안에 느끼게 된다는 것이다. 이유는 바로 우리 몸의 근원적인 한계 때문이다. 폴댄스는 기본적으로 두 손으로 폴에 매달리는 운동이다. 물론 팔오금(팔꿈치 안쪽)이나 오금(무릎 안쪽), 옆

구리, 겨드랑이, 발목, 정강이, 허벅지 안쪽 등 다양한 부위로도 무게를 버티지만, 어디까지나 손으로 매달리는 것이 기본이다.

그런데 인체, 그중에서도 팔은 일정 시간 이상 강한 힘을 주면 근육이 부풀어 오른 상태가 유지된다. 일명 '펌핑'이다. 이러한 이유로 아무리 특출난 사람이라도 한 번에 폴에 매달릴 수 있는 시간은 '평균적으로' 1분 남짓이다(물론 3~4분 움직여도 너끈한 사람들이 있지만 극히 예외적인 경우다).

그렇기 때문에 폴댄스 훈련 프로그램(일명 '콤보')은 그날 배운 기술(동작)을 음악과 어우러져 1분 내외의 한정된 시간 안에 자연스럽고 유려하게 탈 수 있도록 구성된다. 결론적으로 그 1분 안에 인생의 기쁨과 슬픔, 행복과 좌절, 불안과 고통, 두려움과 성취감 등 복잡한 감정을 느끼게 된다. 흔히 '죽기 직전에 그간의 인생이 눈앞에 주마등처럼 스쳐 지나간다'고 하는데, 폴을 탈 때 역시 마찬가지다.

아드레날린과 도파민이 제공하는 '흥분' 상태에도 상대적으로 빨리 도달한다. 일반적으로 30분 이상 달려야 경험하는 '러너스 하이'를 1분 남짓 안에 느낄 수 있다. 이토록 경제적인 운동이라니! 또한 음악에 맞춰 감정을 담은 일종의 예술적 표현도 가능하며, 셀 수 없이 많은 기술을 무궁무진하게 조합할 수도 있다.

　이러니 빠져들 수밖에 없다. 전신 근력 운동 덕에 탄탄해지는 몸은 덤이다. 거꾸로 생각해보면 이러한 요인 때문인지 스트레스가 극심할수록, 불안이나 고통이 클수록 폴에 더욱 몰입하는 것 같기도 하다. 하긴 폴댄스뿐 아니라 다른 많은 고강도 운동들 또한 마찬가지겠지만.

　5년 가까운 시간이 흐른 지금, 지난 일들이 마치 꿈같이 느껴진다. 폴에 올라 빙글빙글 돌아가는 내 눈앞에 그간의 일들이 순식간에 스쳐 지나간다. 폴 때문에 웃고, 폴 때문에 울고, 폴 때문에 좌절하고, 폴 때문에 기뻐하던 나날들. 폴을 타기 위해 작업을 하고, 작업하기 위해 폴을 타던 일상들. 폴을 타며 느꼈던 좌절과 고통과 행복과 희망과 사랑에 관한 이야기. 이것은 바로 그에 관한 이야기다.

2025년 여름
한승혜

차례

들어가며 폴을 만나 내 인생이 홀딱 뒤집어졌다!   7

1부 봉에 매달린 시간만큼 난 나를 덜 미워할 수 있었다
  아주 작은 성공을 쌓아가는 하루하루   21
  나의 무게를 감당한다는 것   30
  재미가 없다면 지속할 수 없다   42
  젊어서 고생은 학원비 내고도 한다   50
  초라한 나를 견디는 법   61
  TIP 아직도 운동을 망설이는 당신에게   70

2부 폴 위에서 춤을 추며 절망이랑 싸울 거야
  세상은 모두에게 공평하게 불공평하다   73
  갈비뼈를 내어주고 깨달은 것들   84
  잘하는 것은 더 잘하도록, 못하는 것은 잘할 때까지   97
  남에게 예쁜 몸 말고, 나에게 맞는 몸   107
  음악이 흐르는 한 춤은 계속되어야 한다   117
  TIP 운동은커녕 생존 체력도 없다는 당신에게   127

3부 단점에서 찾아낸 수많은 가능성들

폴웨어와 음란한 시선의 상관관계 131

핸디캡은 또 하나의 가능성이다 141

남의 메인 무대와 내 백스테이지를 비교하지 말 것 152

백발에도 폴 위에서 춤추는 할머니 160

TIP 평생 건강하게 운동하고 싶은 당신에게 169

4부 다정하자, 모두 자신만의 무대에서 최선을 다하고 있으니

잘한다, 잘한다 해야 잘한다 173

누구에게나 무대가 필요하다 183

노키즈존 아닌 위드키즈존 191

뒤늦게 맞이한 사회성 훈련 199

다른 존재가 된다, 삶이 넓어진다 208

지난한 아픔에 직면하는 법 216

못해도 망하지 않고, 잘해도 인생 바뀌지 않는다 225

TIP 세상 모든 여자들에게 233

나가며 이 세계에서는 서두를 필요 없으니까 234

1부

봉에 매달린
시간만큼

                난 나를
                덜 미워할 수 있었다

(폴을 접하면서) 깨닫게 되었다.
다른 사람보다 못할지 모르지만
어쨌든 어제의 나보다는 좋아지고 있다는 사실을,
초라하고 못난 나의 모습을 받아들이면서
계속하기만 한다면 나아질 수 있다는 사실을.

아주 작은 성공을
쌓아가는 하루하루

어린이집에 둘째를 데리러 갔다가 하원 중이던 모녀 한 쌍을 마주쳤다. 등하원 길에 다른 집 아이나 부모를 만나는 경우가 흔하니 처음에는 별 신경을 쓰지 않았다. 그 집 아이가 동작을 멈추고 나를 물끄러미 바라보기 전까지는. 아이는 이렇게 말했다.

"엄마, 나 이렇게 예쁜 사람은 처음 봐."

순간 손에 들고 있던 휴대용 텀블러를 떨어뜨릴 뻔했다. 뭐, 뭐라고? 설마 나한테 한 말이니? 혹시 자기가 좋아하는 만화 주인공이나 어린이집에서 들었던 동화 속 이야기를 떠올리고 한 말은 아닐까? 살면서 때로 외모에 관한 칭찬을 듣기도 하고, 내 생김새에 큰 불만이 없는 편이지만 그래도 자기 객관화는 어느 정도 되어 있다. 적어도 낯선 아이로부터 그런 말을 들을 정도는 아니라는 이야기다. 이 글을 쓰고 있는 지금도, 저 문장을 문자로 옮기는 이 순간까지도 부끄러움과 민망함에 손가락이 오그라든다. 아이는 엄마의 손에 붙들려 나가면서도 고개를 돌려 끝까지 나를 바라봤다.

낯선 모녀가 떠나고 어린이집 현관에 홀로 남은 기분은 복잡 미묘했다. 예상치 못한 과분한 칭찬에 의아하기도 했지만 한편으로는 한껏 올라가서 실룩거리는 입꼬리를 주체하기 어려웠던 것도 사실이다. 아이들은 거짓말을 못 한다던데, 본능에 충실해서 예쁜 사람을 좋아한다던데, 정말로 나를 보고 한 말이었다면?

'찐' 운동인이 되기 위한 준비 운동

그즈음 외모에 관한 칭찬을 자주 듣긴 했다(타인의 외모에 대한 언급은 좋든 나쁘든 일종의 평가이기에 '칭찬'이라 칭해도 될지 고민이 되지만, 어쨌든 긍정적인 표현을 칭찬으로 본다면 말이다). 물론 사회생활을 하다 보면 형식적인 인사말을 주고받거나 의례적인 칭찬도 많다는 걸 알 만한 나이는 되었고, 당연히 모든 칭찬을 곧이곧대로 받아들이지는 않았지만, 그럼에도 빈도가 확연히 늘어난 것만은 사실이었다. 대체 뭐가 달라진 걸까? 체중도 그대로에 미용실이나 피부과에 다녀온 것도 아니었다. 심지어 그날은 화장도 안 했고 머리까지 엉망이었다. 다만 차이는 폴댄스를 석 달째 배우고 있다는 사실뿐. 그날 역시 운동을 마치고 어린이집에 방문했던 터였다.

    수업료 환불도 안 되는 수업인데 석 달 동안 낙오하지 않고 무사히 마칠 수 있을까, 기한 내에 수강권을 다 소진할 수 있을까 걱정했는데, 근심이 무색하리만치 폴댄스에 푹 빠져버렸다. 석 달간 사용 가능한 24회 수강권을 한 달 반 만에 다 소진했으니까. 그런고로 마지막 수강권을 사용한 날에는 당당하게 여섯 달 분량을 다시 결제했다. 이번에는 자신감과 확신에 찬 채로.

    첫 주만 하더라도 수업에 다녀온 날은 완전히 녹초가 되어 아무 일정도 소화하지 못하고 기절한 듯 잠들었다.

이후로도 며칠은 마치 온몸을 두들겨 맞은 듯 근육통으로 고생하기도 했다. 그렇게 한 주, 두 주 시간이 흐르면서, 운동 후 느끼는 피로도가 서서히 줄어들기 시작했다. 근육통 또한 처음처럼 버겁지 않고 견딜 만해졌다. 아니, 오히려 약간의 근육통을 즐기는 수준에 이르렀다.

그 뒤부터는 일주일 두 번 수업이 부족하게 느껴졌다. 결국 사흘에 한 번꼴로 가던 게 이틀에 한 번이 되었고, 그러다 일주일에 네 번씩 나가기 시작했고, 정신을 차려보니 이미 몇 달이 훌쩍 지나 있었다.

사랑이 만든 에너지

에이브러햄 링컨은 "마흔이 넘으면 자신의 얼굴에 책임을 져야 한다(every man over forty is responsible for his face)"라고 말했다. 관상 운운하며 얼굴에 그 사람이 다 보인다고 단언하려는 건 결코 아니지만, 얼굴이 삶에 대한 태도나 인성, 습관과 무관하지도 않다고 생각한다. 생활 습관이나 눈빛, 몸짓 등에서 마음속 감정이나 생각, 세상과 타인을 바라보는 태도 등이 자연스레 묻어날 수밖에 없고, 그렇게 누적된 시간이 표정을 만드는 근육과 발산하는 에너지에도 영향을 줄 테니까.

사랑에 빠진 사람이 예뻐 보이는 이유도 마찬가지다. 바로 행복하기 때문이다. 생동감 있게 반짝이는 눈빛, 흥분으로 상기된 볼, 즐거워서 살짝 올라간 입꼬리처럼 설렘과 행복의 징후가 그 사람 자체를 반짝반짝 빛나게 만든다. 기쁨과 활력이 넘치는, 긍정적이고 싱그러운, 얼굴 가득 밝고 환한 미소를 띤 사람을 만난다면 흔히 세상이 칭하는 미의 기준과 무관하게 예쁘다거나 보기 좋다고 자연스레 느끼게 될 듯하다. 낯선 어린이나 주변인들이 내 외모를 칭찬한 것 또한 아마 비슷한 맥락이 아니었을까?

사랑에 빠진 사람들은 부지런하다. 활기가 넘친다. 정력精力이라 말이 괜히 있는 것이 아니다. 막 사랑을 시작한 연인들은 밤새워 통화하고 매일같이 만나도 지치지 않는다. 밥을 먹지 않아도 허기를 느끼지 못하고 한껏 움직여도 피로한 줄 모른다. 불만과 투정이 사라지고 세상을 바라보는 눈길이 부드러워진다. 폴에 흠뻑 빠진 나 역시 마찬가지였다. 힘들던 시간이 어느 순간부터 즐거워졌고, 운동을 하러 가기만 손꼽아 기다렸다. 아무리 피곤하고 힘들어도 수업 시간에 맞추기 위해 몸을 일으켰고, 운동이 끝나면 허기지니 밥을 열심히 먹었고, 몸이 피곤하니 일찍 잠에 들었으며, 충분히 잔 만큼 아침에 개운한 기분으로 깨어났다. 그렇게 폴댄스와 함께하는 하루하루에 점차 익숙해지면서 일상의 호흡 또한 자연스레 슬럼프 이전으로 조금씩 되돌아왔고, 전반적으로 생기가 넘치고 활력이 돌기 시작했다.

운동을 하며 솟아난 아드레날린과 도파민은 일에도 도움이 되었다. 일단 노트북 앞에 앉아 빈 화면을 바라볼 때마다 느꼈던, 절벽에서 뛰어내리는 듯한 두려움이 덜해졌다. 물론 노트북 앞에 앉는 것은 여전히 쉽지 않았으나 마음은 이전보다 한결 가벼웠다. 실패를 잔뜩 맛보고 온 날은 '에라, 오늘 어차피 폴댄스 학원에서도 망하고 왔는데 아무렴 그보다는 낫겠지' 같은 심정으로 뭐라도 썼고, 잘한 날은 '이보다 더 어려운 것도 하고 왔는데 이까짓 마감이 뭐라고'라며 스스로를 격려할 수 있었다.

무기력에서 벗어나 다시 책상 앞에 앉는 연습을 하다 보니 꽉 막혀 갈 곳을 모르던 원고도 조금씩 풀리고, 불안감과 걱정이 지나간 자리에 자신감과 용기가 채워졌다. 무엇보다 결정적인 변화는 이전과 달리 내 자신에게 조금 더 너그러워졌다는 사실이다. 아마도 폴댄스로 얻은 에너지를 바탕으로 마감을 지키면서 성취감을 얻었기 때문일 것이다. 폴을 배우기 시작하면서 자부심과 더불어 긍정적인 에너지와 활력이 생겼고, 그것이 이제는 남들 눈에 보일 정도가 되었던 것이다.

그사이에 폴댄스 실력이 어마어마하게 나아지지는 않았다. 석 달이면 입문자 코스를 간신히 마치는 기간일 뿐이다. 나름대로 열정적으로 수업을 듣고 연습에 임했지만 그럼에도 폴댄스 수업에서 나는 여전히 열등생에 가까운 존재였다. 성공하는 날보다는 실패하는 날이 훨씬 더 많고, 동작 또한 잘 모르는 사람의 눈에도 보일 만큼 어설프고 미숙하기 그지없었다.

다만 성공하건 실패하건 관계없이 계속 수업에 나가면서, 매일매일 수업 영상을 기록하면서 점점 더 나아지는 나 자신을 발견할 수 있었다. 시간이 흐르면서 같은 동작도 더 아름답게, 보다 안정적으로 해낼 수 있었으며 팔꿈치 안쪽이나 무릎 안쪽을 폴에 걸고 버틸 때 느껴지던 아픔 또한 한결 참을 만해졌다. 폴에 매달리는 시간 역시 5초나 버틸까 말까 하던 첫날이 무색하게 1분가량으로 훌쩍 늘어났다.

어제보다 약간 나은 오늘

어릴 적부터 나는 욕심이 많았다. 무엇이든 최선을 다했으며, 대개는 잘해냈다. 칭찬받는 것이 좋았다. 남들이 나를 자랑스럽게 여겨주길 바랐다. 동시에 마음은 늘 위태로웠다. 잘하고 싶다는 마음이 언제나 타인과 나를 비교하게 만들었기 때문이다. 잘했는지 못했는지, 기준점은 언제나 밖에 있었다. 타인에게 인정을 받는 것, 남보다 뛰어난 것이 더 중요하다고도 생각했다. 그렇기에 매사에 호전적이었고, 나보다 뛰어난 사람은 질시하고, 못한 사람에게서는 우월감을 느꼈다.

질시는 곧 열등감으로 이어졌고, 우월감 역시 언제 사라질지 모르는 위태로운 감정이었다. 그 끝은 늘 스스로에 대한 경멸이나 자괴감으로 돌아왔다. 자기 기준이 높다 보니 중도에 포기할 때가 많았고, 다시금 스스로에 대한 불만이 쌓이고, 그렇게 쌓인 부정적인 감정이 타인에 대한 시기심으로 이어지는 악순환이 반복되었다. 어쩌면 슬럼프 또한 이러한 내 성격의 한 부분에서 기인되었는지 모르겠다. 눈만 뜨면 보이는 다른 책과 작가들, 그 속에 가득한 명문장들, 그에 비하면 한참 못 미치는 초라한 나. 하지만 폴댄스를 하면서 나는 아주 작은 변화에서도 성취감을 느낄 수 있음을 배웠다. 비교는 어제의 나하고만 하면 된다는 것 또한 깨달았다.

어제의 나보다 약간 더 좋아진 오늘의 나. 어제보다 조금 더 오래 매달리고, 어제는 안 되던 동작을 성공시키고, 같은 동작도 보다 정교하게 구현해낼 수 있게 된 나. 비록 어제는 실패했지만 오늘 다시 시도해보는 나. 어떤 것이든 과거보다 능숙하게 다루는 나. 매일매일 내게 일어나는 작은 변화가 신기했고, 새롭게 배우고 익히는 것 또한 즐거웠다. 그러면서 나는 스스로를 조금 더 좋아할 수 있게 된 것 같다. 내가 나를 더 사랑스럽고 귀하게 여기니 남들의 눈에도 그리 보였을 것이다. 다시 생각해보니 낯선 아이에게 칭찬을 들을 만한 자격이 충분한 것 같다. 적어도 그 순간만큼은 나 자신이 최고라고 느껴졌으니까.

나의 무게를
감당한다는 것

쾅! 그 순간은 번개처럼 들이닥쳤다. 흔히 드라마나 영화에서 주인공이 사랑에 빠지는 순간을 이렇게 묘사하지 않던가. 쾅, 펑, 지지직! 5년 전 어느 봄, 나에게도 그와 같은 일이 일어났다. 침대에 물먹은 솜처럼 누워 있던 나는 어디서 계시라도 받은 양 벌떡 일어나 주먹을 불끈 쥐고 들어줄 사람도 없는 허공을 향해 외쳤다.

"그래! 폴을 타야겠어!"

그 길로 인터넷에서 폴댄스 학원을 검색했다. 마침 타

이밍도 좋게 집에서 차로 10분 거리에 폴댄스 학원이 새롭게 오픈했다. 이런 걸 두고 운명이라고 하던가?

어느 정도 망설임은 있었다. 운동을 규칙적으로 해본 적도 없는데다가 생전 처음 접하는 종목이었으니까. 주변의 누가 하는 걸 본 적도, 어떻게 하는지도 모르는데다가 나와 잘 맞을지 알 수 없는 위험 부담까지. 다행히도 폴댄스 학원 홍보 포스터에 "무료 체험 후 등록 결정"이라는 문구도 포함되어 있었다. 그래, 좋아. 한번 해보자! 아니면 마는 거지 뭐. 심호흡을 크게 내쉰 후 가장 가까운 날짜로 예약을 강행했다.

무기력한 나를 구원하기 위해 내려온 봉 하나

종종 어쩌다 폴을 타게 되었는지 질문을 받을 때마다 침대에서 몸을 벌떡 일으키던 그 순간을 떠올린다. MBTI로 설명한다면 파워 J에 가까운 내가 그토록 충동적으로 무언가를 결정하는 건 매우 드문 일이었기에 스스로도 신기하다.

물론 세상 모든 것에는 맥락과 배경이 있고, 그저 충

동적으로 보이는 결정 역시 내면을 파고들어 하나하나 되짚어보면 나름의 근거가 존재한다. 당시는 안팎으로 무척 침체되어 있던 시기였다. 집 밖에서는 코로나가 기승을 부려 사람들을 제대로 만나기 어려웠고, 안에서는 스스로가 미워 갈등을 겪고 있었다.

《다정한 무관심》 원고를 작업하던 때였는데, 두 번째 출간이라 더 수월할 줄 알았건만 웬걸, 퇴고 작업은 어리숙하고 미숙했던 지난날을 돌아보는 것처럼 민망했고, 글을 다듬는 것 또한 새로 쓰는 것 이상으로 고달프고 힘겨웠다. 하루에도 수십 번씩 생각했다. 내가 글을 이렇게 못 썼단 말인가? 이 정도 실력으로 이 일을 계속해도 되나? 글도 못 쓰면 대체 난 앞으로 뭘 하면 좋지? 자책하는 나날이 하루이틀 쌓이기 시작하더니 이내 경미한 우울증이 나타났다.

게으르고 예민한데 심약하기까지 한, 요즘 말로 '개복치' 멘탈인 나는 압박감에 시달릴 때면 늘 비슷한 증상을 보인다. 말수가 줄고, 무기력해지고, 기운이 없고, 멍해진다. 그 상태에서 벗어나기 위해 자꾸만 술을 찾고, 계속 누우려 들며, 끝없이 잔다. 한번 잠들면 깨어나기 어려워한다. 한마디로 현.실.도.피.

하고 싶은 일만 하며 사는 사람은 없다. 다만 나란 존재는 하고 싶지 않지만 해야 하는 일 앞에서 기어코 괴로움에 몸부림치고야 마는 것이다. 일정에 쫓기는 등 심리적으로 부담을 느낄 때도 마찬가지였다. 그렇게 계절이 주기적으로 돌아오듯, 삶의 분기나 전환점마다 매번 불안함에 의기소침해지거나 울적해지곤 했다.

그럼에도 이 정도로 심각한 적은 없었다. 추측컨대 이전까지는 나름의 루틴이 존재했기 때문에 우울해도 무너지지는 않았던 것 같다. 가령 회사원일 때는 힘들고 괴로워도 잘리지 않으려면, 월급을 계속 받으려면 어떻게든 몸을 일으켜야만 했다. 그렇게 밖으로 나가 햇볕을 쬐고 사람들과 이야기를 나누고 맡은 업무를 처리했다. 몸과 마음의 상태와 무관하게 일상을 견디는 건 그것대로 괴로웠지만, 돌이켜보면 그러한 일상이 나를 완전히 바닥까지 떨어지지는 않도록 쿠션 역할을 해주었다.

회사를 그만두고 집에 머물며 아이들을 전업으로 돌보던 시기도 비슷했다. 생전 처음 맡아보는 엄마 역할이 버겁고 힘들어 중간에 도망치고 싶을 때가 많았지만 마땅히 피할 곳은 없었다. 양가 부모님은 멀리 계시고, 남편은 출근해야 하고, 친구는커녕 아는 사람 하나 없는 타지 생활에서 달리 기댈 데가 없었으니까. 아이들이 아침에 깨어나서 한밤중에 잠들기 전까지는 멍하니 있을 시간도 없었다. 그렇게 정신없이, 반쯤 강제로 몸을 움직이다 보면 하루가 끝났고, 피곤해 곯아떨어지고 나면 아침이 밝아왔다. 매일 똑같은 하루, 끝나지 않는 육아와 집안일이 지긋지긋할 때가 많았지만, 돌이켜보니 그와 같은 바쁜 일상 또한 나를 지켜주는 하나의 장치였다. 숨 쉬기 어려운 그 속에서 절박한 심경으로 책을 읽고 글을 썼다.

아이들이 어린이집에 다니기 시작하면서부터 비로소 문제가 드러났다. 처음에는 좋았다. 어떤 방해도 없는 나만의 자유 시간이 생겼으니까. 질릴 때까지 마음껏 글을 읽고 쓰고 작업하는 것이 꿈이었는데, 그때를 기다리며 읽고 싶은, 쓰고 싶은 것들을 잔뜩 쌓아두었는데, 이제는 들여다볼 수 있겠다 싶었으니까. 그러다 얼마 지나지 않아 깨달았다. 자유란 단어에 실려 있는 무게를. 자유의지로 일한다는 건 타인의 지시 아래 일하는 것 이상으로 어려운 일이었다. 얼떨결에 첫 번째 책을 내고 프리랜서 작가가 되었지만 아직 혼자 계획을 세워 일하는 생활에 익숙하지 않았던 나는 곧 게으름의 늪에 빠지고 말았다. 루틴이 망가지는 것은 순식간이었다.

남편이 출근하고 아이들이 어린이집에 가고 난 뒤에는 아침에 빠져나온 상태 그대로 동그랗게 자리한 이불 속으로 다시 파고들었다. 잠깐만 누워야지. 그래, 딱 한 시간만. 그렇게 침대에 누에고치처럼 누워 그대로 잠들었다. 눈을 떠보면 해가 중천이었고 스스로가 한심해 화가 났다. 그 상황을 부정하고 싶어서, 잊어버리고 싶어서 다시 잠들어 무의식의 세계로 도피했다.

운동 방황러의 긴 방랑기

●

그런 나날이 하루, 이틀, 사흘, 나흘, 일주일, 한 달, 두 달간 이어졌고, 몸과 마음이 서서히 가라앉았다. 원고를 기다리는 담당 편집자에게 미안하고 민망한 마음이 굴뚝같았지만 마음만으로 상황이 개선되지는 않았다. 마감이 두려워 우울이 찾아오고, 우울해서 술을 마시고, 술을 마셨기에 다음 날 컨디션이 악화되고, 컨디션을 회복하기 위해 다시금 잠이 들어 또다시 마감을 지키지 못하는 악순환의 연속. 누가 보더라도 한심하기 그지없었겠지만 무엇보다 스스로가 그 사실을 견디기 어려웠다.

남에게 쉽사리 털어놓을 수도 없었다. 먹고사는 문제도 아니고 고작 그런 걸로 끙끙 앓다니. 아마도 대부분의 사람들은 내가 복에 겨웠다며 혀를 끌끌 찼을 것이다. 우선 나부터 그리 생각했으니까. 그렇기에 나 자신이 더욱 미웠다. 알고 있기에 점점 더 벗어나기 어려웠다.

그나마 다행인 부분은 그 이상 악화되기 전에 사태의 심각성을 인지했다는 점이다. 예민하고 심약하기 짝이 없는 성정을 지녔지만 그 탓에 위기를 감지하는 안테나도 그만큼 빨리 발동한다. 평소에 지병이 있는 사람이 조금만 몸이 이상해도 병증의 수위를 금방 파악하는 것과 비슷하달까? 어느 시점에 도달하니 '느낌'이 왔다. 지금 내게 문제가 있다는, 이대로 계속 가다간 큰일 난다는, 뭔가 조치를 취해야만 한다는 위기감이.

결단이 필요했다. 아무것도 하지 않으면 점점 더 우울해질 것이 뻔했기에 우선 루틴을 만들기로 했다. 우울한 사람이 가장 많이 듣는 조언 중 하나가 밖으로 나가 햇볕을 쬐고 산책하는 것이라던가. 나에게도 규칙적인 신체 활동이 필요했다.

하지만 후보군이 많지 않았다. 산책은 마음이 내킬 때마다 원하는 만큼 할 수 있다는 장점이 있지만 결국 흐지부지될 가능성이 높았다. 지금도 집에 아무도 없으면 침대로 직행하는 마당에 집 밖으로 나가 걷는다고? 어림도 없는 소리. 아마 일주일을 넘기기 힘들 것이다.

아파트 커뮤니티센터 내 헬스장을 이용하는 계획 역시 마찬가지였다. 집에서 엘리베이터를 타고 내려가기만 하면 되지만, 그처럼 간단해 보이는 일조차 내게는 엄청난 의지가 필요한 활동이었다. 운동할 시간만 되면 왜 그렇게 걸리는 것이 많던지. 운동복으로 갈아입고 나면 화장실에 가고 싶고, 화장실에 다녀오면 느닷없이 설거지거리가 눈에 띄며, 설거지를 마치고 나면 갑자기 배가 고파왔다. 무언가를 주섬주섬 먹고 나면 또다시 잠이 오고, 그러다 보면 밖이 어둑해지던 나날들.

클라이밍을 떠올려보기도 했다. 실은 몇 년 전 맨몸으로 암벽을 등반하는 이야기를 담은 넷플릭스 다큐멘터리를 보고 한껏 감동에 젖은 뒤 친구와 의기투합하여 집 근처의 실내 암벽 등반장에 방문했던 적이 있다. 꽤 재미있었기에 수강권을 끊어 서너 번을 더 찾아갔고, 그렇게 흥미를 붙이나 싶었다. 하지만 어려서부터 약했던 발목이 복병이었다. 수직으로 올라갔다가 손에 힘이 빠지면 바닥으로 뚝 떨어지는 클라이밍은 발목이 약한 사람에게 적합하지 않은 운동이었다. 4회차 무렵부터 발목이 아파오는 통에 한참이나 병원에 다녀야 했고, 결국 마음을 접을 수밖에 없었다.

회사원 시절 강남역 인근에서 접했던 핫요가 역시 후보군 중 하나였다. 하지만 불과 한 달 만에 그 비싼 수강권을 중고로 어렵게 양도했다는 사실이 떠올랐다. 절대 중간에 그만두지 않겠다는 결심하에 여섯 달 수강권을 한번에 등록했다가 채 열 번도 가지 못하고 작심삼일로 끝나버렸던 그때. 인간의 욕심은 끝이 없고 같은 실수를 반복한다고, 호기롭게 결심하고 시작한들 또다시 중도 탈락할 확률이 높았다.

'요즘에 인기가 많은 필라테스는 어떨까?' '꽤 비싸던데…' '에어로빅은 괜찮을까?' '회원들의 텃세가 심하지 않을까?' '승마는 어떨까?' '그래. 말 타는 것도 멋있지! 그런데 승마장까지 어떻게 가나.' 그렇게 평소에 들어보았거나 관심이 가던 온갖 종목을 번갈아 고민해보았고, 그러던 찰나 그야말로 섬광같이 머릿속에 떠올랐다.

'그래! 폴댄스! 바로 폴댄스야!'

나의 무게를 거뜬히 받아안는 그날까지

15년 전쯤 어느 날, 회사원이라면 식곤증으로 가장 괴로워지는 오후 세 시, 당시 소셜 미디어 담당자로서 기발한 콘텐츠를 찾아 인터넷 페이지 여기저기를 지루하게 클릭하고 있던 내 눈앞에 유튜브 알고리즘이 불쑥 영상 하나를 들이밀었다. 지방이라곤 1그램도 없을 듯한, 온몸이 근육으로 이루어진 한 여성이 길쭉한 쇠막대기 위에서 노닐고 있는 모습이었다. 중력의 영향이 비켜간 듯한 가벼운 몸놀림, 우아하고 거침없는 동작, 이 세계 사람 같지 않은 신비로움. 세상에 이런 걸 하는 사람들이 있다니! 그날 하루, 업무는 내팽개친 채 종일 홀린 듯 그 영상을 보고 또 보았다.

그전까지는 폴댄스에 대해 아무것도 몰랐다. 어릴 적 할리우드 영화에서 자주 등장했던, 시끄럽고 퇴폐적인 술집 뒤편에 거의 헐벗은 여성들이 무대 장치인 봉을 붙잡고 섹시한 동작을 취하는 춤, 그게 내가 아는 폴댄스의 전부였다. 그런 내게 유튜브가 보여준 영상은 그야말로 충격이었다.

호기심에 바로 인터넷 창에 폴댄스를 검색해보았지만 지금처럼 보편적인 운동은 아니던 시기여서 배울 만한 곳이 거의 없었다. 그나마 존재하는 몇몇 학원은 너무 멀었으며 수강료 역시 호기심에 선뜻 도전하기에는 부담스러운 금액이었다. 잠깐 피어났던 폴댄스에 대한 흥미는 그렇게 인터넷 창을 닫자마자 사라졌다.

그로부터 약 15년 후, 왜 그 순간에 잊힌 줄 알았던 폴댄스가 종일 물먹은 솜처럼 누워 있던 내 머릿속에 다시 떠올랐을까. 그건 아마도 그 시기의 내가 스스로를 너무 미워하고 있었기 때문인 듯하다. 그때는 침대에서 몸을 일으키는 것조차 어려울 정도로 스스로가 부담스럽고 무거웠다. 아마도 이런 부담감이 폴댄스에 대한 열망을 불러일으켰던 모양이다. 모든 짐에서 벗어나 자유로워지고 싶었다. 가벼워지고 싶었다. 산뜻해지고 싶었다. 훨훨 날고 싶었다.

모든 것을 초탈한 듯 근심도 걱정도 없는 평온한 표정으로 폴을 타고 있던 폴댄서, 마치 다른 세상에 존재하는 듯했던 그의 폴링, 자기 무게 따위는 가뿐하게 이겨내는 가벼움. 폴을 타고 싶다는 욕망은 바로 그 자리에서 시작되었다. 나도 저렇게 되고 싶다는, 현실을 잊고 다른 세상으로 가고 싶다는 바람. 세상에서 가장 버거운 내 몸뚱이를 가뿐히 들어보고 싶다는 꿈. 나 자신을 감당하고 싶다는 정신적인 목표를 물리적으로라도 이루어보겠다는 소망. 해묵은 영상이 갑자기 떠오른 것은 그런 면에서 필연이다.

"어쩌다 폴을 타게 되었어요?" 이 질문에 이제는 한마디로 간단히 답하곤 한다. "아, 제 무게를 한번 들어보고 싶어서요."

재미가 없다면 지속할 수 없다

우스갯소리로 음악을 '국가가 허락한 유일한 마약'이라 한다. 음악이 불법은 아니지만 마약만큼 듣는 이에게 즐거움을 선사한다는 이야기일 것이다. 사실 이 말은 틀렸다. 음악이 주는 행복이 별것 아니라는 의미라기보다는, 불법이 아님에도 쾌락을 주는 요소가 그 밖에 더 있다는 차원에서다.

오후 작가는 《우리는 마약을 모른다》에서 도파민 분출을 도와주는 합법적인 마약을 소개한다. 리스트는 다음과 같다. 음악, 종교, 설탕, 향신료인 육두구나 상추(단 100장을 한꺼번에 먹어야 미약하게나마 효과를 본다), 두꺼비 혹은 전갈의 독, 금식 등.

 그 밖에 제자리를 빙빙 도는 행동에도 유사한 효과가 있다. 어지러워 정신이 혼미해지는 기분이 마약을 복용했을 때와 비슷하다는 것이다. 고대 축제나 원시 종교의 제의에서 뱅글뱅글 도는 사람들이 그토록 많았고, 놀이동산의 어트랙션들이 대개 회전 동작을 기본으로 하는 데에는 다 이유가 있었던 셈이다. 어쩌면 왈츠, 탱고와 같은 소셜 댄스나 발레, 피겨 스케이팅 등 각종 스포츠에 회전 동작이 포함된 것 역시 비슷한 효과를 불러일으키기 위함이었을지도 모른다. 짜릿함, 황홀함, 재미, 그리고 자극.

 요즘도 가끔씩 한 가지 운동을 이리 꾸준히 하고 있는 스스로에게 놀라곤 한다. 이제껏 많은 운동을 거쳐왔지만 대개 시작할 때는 의욕에 넘치다가 시간이 흐를수록 흐지부지되면서 결국 몇 달을 넘기지 못하고 그만둔 경우가 많았다. 하지만 폴댄스는 달랐다. 무려 5년이나 지속하고 있으니까. 대체 왜? 폴댄스는 다른 운동과 무슨 차이가 있기에?

 훗날 학원에서 다른 회원들과 대화를 나누다 알게 된 사실인데, 폴댄스에 빠져든 이들 중에는 나와 비슷한 경우가 참으로 많았다. 요가, 필라테스, 헬스, 발레 등 다양한 운동을 기웃거렸으나 크게 흥미를 느끼지 못하다가 마침내 폴댄스에 정착한 사람들. SNS에서 우연히 홍보 영상을 보고 시작했다거나, 별생각 없이 친구를 따라 체험 수업에 갔다가 그대로 눌러앉았다거나, 심심풀이로 집 근처 학원에 방문해보았다거나, 출산 후 아이를 안아줄 근력을 키우고자 시작했다거나. 계기는 다양했으나 결론은 모두 같았다. 조금씩 하다가 시들해졌던 다른 운동들과 다르게 폴댄스만은 몇 년간 꾸준히 하고 있다는 사실. 그들 대부분이 이만큼 재미있는 운동을 해본 적이 없다며 폴댄스를 '인생 운동'이라고 칭했다. 나는 그것이 폴댄스만의 장점 덕분이라고 생각한다. 바로 '회전력'이다.

폴을 처음 잡던 날

폴을 처음으로 잡았던 날의 기분이 아직까지도 기억에 생생하다. 체험 수업 당일이 되니 긴장되어 견딜 수가 없었다. 학원 내 엘리베이터를 타고 3층까지 올라가는 와중에도 심장은 진정할 줄 몰랐다. 잘할 수 있을까? 아니, 할 수나 있을까? 아예 매달리지도 못하거나 창피당하면 어떡하지? 남들이 이런 나를 어떻게 생각할까? 하기 싫어지면 그냥 "죄송합니다" 하고 나오면 되려나? 수많은 생각이 머릿속을 헤집어놓았다.

    하지만 폴을 두 손으로 잡은 순간, 모든 복잡한 상념들이 순식간에 사라졌다. 미리 준비해온 짧은 티셔츠와 반바지로 갈아입고 강사가 안내한 방향으로 들어가니 그야말로 텅 빈, '홀'이라는 이름이 걸맞은 공간에 들어섰다. 그곳에는 4미터는 족히 되어 보이는, 바닥부터 천장까지 쭉 이어진 곧고 거대한 폴이 일정한 간격으로 설치되어 있었다. 손을 뻗어 만져본 봉은 차갑고 딱딱했다. 살살 손에 힘을 주자 바로 뱅글 하고 돌아갔다.

    폴댄스를 잘 모르는 사람들로부터 폴이 자동으로 돌아가냐는 질문을 자주 받는다. 하긴, 그들의 눈에는 마치 오르골 속 태엽 인형처럼 일정한 속도로 계속 움직이는 모습이 신기해 보이기도 할 테다. 설명하자면 활용하는 기술에 따라 폴은 돌아갈 수도 있고, 돌아가지 않을 수도 있다. 방송이나 소셜 미디어 등지에는 대개 돌아가는 폴이 자주 소개되는데, 정식용어는 스피닝폴(회전폴)이다(돌아가지 않는 폴은 스태틱폴, 즉 고정폴이라 한다). 스피닝폴이라 할지라도 세게 힘을 주어야 움직이며, 일단 돌아가기 시작한 폴은 중력의 원리에 따라 서서히 느려지다가 멈춘다.

그날 처음 만져본 폴이 살살 돌아가는 광경을 바라보니 알 수 없는 조바심과 함께 아까부터 두근거리던 심장이 더 빠르게 뛰기 시작했다. 그런 내 마음을 눈치채기라도 한 것인지, 강사가 입을 열었다.

"자, 그럼 본격적으로 폴을 타보실까요? 오늘은 스프레드 동작을 배울 거예요. 이름처럼 다리를 넓게 펼쳐서 회전하는 기술인데요, 폴댄스에서는 기본 중의 기본이에요."

강사가 시키는 대로 까치발을 들고 양손은 만세 자세로 하늘로 치켜든 뒤에 몸의 정중앙에 둔 폴을 움켜쥐었다. 그 자세로 오른발 끝에 힘을 실어 왼다리를 옆으로 휙 돌리는 순간, 갑자기 몸이 부웅 하고 날아오르더니 주변 풍경이 빙빙 돌기 시작했다(실제로는 내가 돌아간 것이었지만). 직접 폴을 만져볼 때까지만 하더라도 '이게 될까' 싶었는데, 진짜로 되었다. 해냈다는 놀라움과 흥분 아래 낯설면서도 친숙한 기분, 애틋한 감각까지 한꺼번에 스쳐 지나갔다. 어릴 적 친구들과 놀이터에서 바람을 느끼며 뺑뺑이를 타고, 시소에 앉아 아래위로 오르락내리락하며, 미끄럼틀에서 쌩하니 미끄러지며, 그네를 타고 바람을 가르며, 바이킹에서 하늘 높이 올랐다가 곤두박질치며 느꼈던 감각들과 비슷하다고 할까. 세포 깊숙이 숨어 있던 그 추억들이 폴에 매달려 도는 동안 하나하나 되살아나는 듯했다.

주변 풍경들이 한 계단 아래에 자리한다는 사실도 신기했다. 회전력만큼이나 사람들을 매료시키는 요소가 바로 '높이'다. 폴의 길이는 평균 3.5~4미터인데, 기술에 따라 다르지만 대개 폴의 위아래를 두루두루 활용한다. 첫날 배운 기초 기술조차 까치발을 들고 양손을 높이 치켜든 상태이므로 일단 바닥보다 조금 더 높아진다.

첫째가 세 살 무렵에 양발로 문틀을 밟고 문 꼭대기까지 기어 올라가 있는 모습을 보고 헛웃음을 터뜨렸던 적이 있다. 나 역시 어릴 적에 동생과 그러고 놀았기 때문이다. 둘째도 서너 살에 같은 행동을 했는데, 아무래도 인간은 본능적으로 높은 곳을 갈망하는 모양이다. 밤마다 지붕 위에 오르는 인물이 나오는 뤼도빅 에스캉드의 《밤의 봉상가들》(알마)에 이러한 인간의 습성과 관련된 구절이 나온다.

"지붕 위 원정의 가장 좋은 순간들 중에는 몸이 무거운 길에서 빠져나오고 정신은 일상생활의 촉수로부터 자유로워지는 처음 몇 미터의 순간이 있다. 나는 매번 똑같은 흥분을 느끼고, 그 감정은 매번 첫 모험 때 느꼈던 흥분

만큼이나 강렬하다. 높은 곳을 오르는 일은 중독이라기보다는 우선순위의 순서를 새로 세우는 거듭되는 도취, 반복되는 전율이다. 스스로에게 권한을 주고 스스로를 일으켜 세우고 스스로를 진정시킨다."

하늘을 나는 기분

아무리 몸에 좋은 음식이어도 입에 맞지 않으면 소용없듯이 운동 또한 마찬가지다. 제아무리 건강과 다이어트에 도움이 된다고 한들 재미가 없으면 지속하기 어렵다. 오래전 거금을 주고 개인 트레이닝PT을 받았지만 한 번도 즐겁지 않았다. 약속 시간이 다가오면 늘 도살장에 끌려가는 소처럼 발걸음이 천근만근 무거웠다. 요가나 필라테스 수업 역시 마찬가지였다. 물론 시간을 들여 실력을 쌓으면 자연스레 재미를 느꼈겠지만 넘어야 할 장벽이 상당했고, 결국 그 단계에 도달하기 전에 나가떨어지고 말았다.

폴댄스는 달랐다. 그날 폴을 잡고 한 바퀴 돌자마자 마음속으로 외쳤다. '이거야, 이거! 이게 바로 내가 기다렸던 운동이야!' 불과 한 시간 전만 하더라도 마음에 안 들 경우

뭐라고 둘러대며 나올지 고민하던 모습은 이미 온데간데없었다. 수업이 끝나자마자 당당하게 카드를 내밀며 외쳤다.

"주 2회 3개월 등록할게요!"

폴댄스 기술은 학원에 따라 부르는 이름이 여러 가지인데, 스프레드는 '피터팬'이라고도 불린다. 처음 들은 순간 바로 납득했다. 두 다리를 넓게 벌려 하늘을 향해 날아가는 듯한 모양, 쌩하고 바람을 가르니 마치 피터팬이 된 것 같았겠지. 나 역시 처음 폴을 붙들고 돌아가는 그 순간에 마치 하늘을 나는 것 같았다.

체험 수업이 끝난 뒤, 오랜만에 몸을 쓰고 와서인지 온몸이 두들겨 맞은 듯 쑤시고 아픈 와중에도 이상하게 기분이 좋았다. 종일 짬이 날 때마다 휴대전화를 열어 사진첩 속 20초도 안 되는 체험 수업 영상을 보고 또 보았다. 수십 번씩 돌려보면서도 지겹지 않았다. 이게 나라니, 내가 정말 폴에 매달려 한 바퀴를 돌았다니. 영상을 볼 때마다 바람을 가르고 피터팬이 된 것처럼 날던 그 순간이 떠올랐다. 자꾸만 입에서 웃음이 배어나오고 다음 만남이 기다려졌다. 마치 사랑에 빠진 사람처럼. 하기야, 계속 생각나고, 만나면 즐겁고, 안 보면 보고 싶고. 이것이 사랑이 아니면 무엇이겠는가.

젊어서 고생은 학원비 내고도 한다

넷플릭스에서 〈비크람: 요가 구루의 두 얼굴〉을 본 적이 있다. 핫요가의 창시자이자 세계적으로 유명한 요가 지도자인 비크람 초우두리의 어두운 이면을 다룬 다큐멘터리다. 인도에서 미국으로 건너간 비크람은 기존의 요가와 차별화된 수업으로 선풍적인 인기를 끈다. 이 인기와 명성을 바탕으로 엄청난 부를 거머쥔 그는 제자들에게 갑질을 행사하고, 성추행과 강간을 자행한다. 피해자들은 그의 권위와 영향력 때문에 항거하지 못하고 지속적으로 폭력을 당하거나 또 다른 폭력의 동조자가 된다.

이미 연극계와 정치권 등지에서 피해자들의 미투를 통해 접했던 익숙한 내용이었지만 그 사이에서 유난히 잊히지 않는 대목이 있었다. 바로 수백 명이 한 공간에 모여 극한의 동작을 하며 구슬땀을 뻘뻘 흘리고 있는 장면이었다.

당시에는 그 모습이 도무지 이해가 가지 않았다. 누가 봐도 힘겹고 고통스러운 동작을 하고 있는 그들의 모습이, 그런 뒤 황홀경에 젖어 비크람을 외치고 환호하는 행동이. 그들 중에는 배우 리처드 기어를 비롯한 할리우드의 유명 인사도 다수 포함되어 있었다. 온갖 부와 명예를 거머쥔 사람들이 대체 뭐가 부족하고 문제여서 사서 고생하는지 미스터리했다.

극한의 수련을 감내하는 이유

지금 요가매트에 엎드려, 내 머리에서 흘러나온 땀이 수도꼭지에서 떨어지는 물방울처럼 똑똑 바닥에 고이는 것을 바라보며, 도무지 움직일 생각을 하지 않는 시곗바늘을 노려보며 나는 그때 보았던 다큐멘터리 장면을 떠올린다. 그리고 납득한다. 그랬구나, 그들도 괴롭고 고통스러웠구나. 그래서 극한의 수련이 필요했구나. 그 수행을 통해 자신을 둘러싼 현실을 잊어버리고 싶었던 거구나. 이런 생각을 하고 있노라면 어느덧 저 멀리서 강사의 목소리가 들려온다. "자, 얼마 안 남았어요. 쪼끔만 더. 쪼끔만, 딱 10초만. 10, 9, 8, 7, 6…." 이쯤 되면 양팔과 다리가 사시나무 떨 듯이 떨린다. 그러다 숫자 1이 호명됨과 동시에 매트 위에 철퍼덕 엎어진다. 하지만 바닥난 체력과 무관하게 엎어진 몸을 곧 다시 일으켜야만 한다. 이제 고작 웜업(준비 운동)이 끝났을 뿐, 본수업은 지금부터 시작이다.

어떤 운동이든 준비 운동은 필수다. 그래야 부상도 방지하고 운동 효과도 높일 수 있기 때문이다. 본격적으로 폴댄스를 배우러 갔던 날도 마찬가지였다. 첫날의 기억을 떠올리며 뱅글뱅글 돌아가는 폴에 당장이라도 뛰어오르고 싶어 몸이 근질근질하던 찰나, 강사가 말했다. "자, 수업 시작하기 전에 몸부터 풀게요." 아, 그렇지, 몸을 먼저 풀어야겠지. 그때는 곧 닥칠 미래를 모르고 그저 가볍게만 생각했다.

끽해야 발목 몇 번 돌리고, 손가락 관절을 우두둑 꺾

고, 그것도 아니면 초등학교에서 체육시간에 하던 국민 체조 정도만 상상했는데 이게 웬걸? 폴댄스에서의 웜업은 예상했던 준비 운동과 차원이 달랐다! 스쿼트, 런지, 크런치, 레그레이즈, 플랭크 같은 맨몸 운동부터 비둘기, 낙타, 코브라 등 요가 자세까지. 20분간 쉴 틈 없이 진행되는 근력 운동과 스트레칭을 허둥지둥 따라 하는 동안 머릿속이 복잡해졌다. 헬스장에서 그토록 하기 싫어했던 런지를 여기서까지 해야 하다니! 요가가 지루해서 폴댄스를 배우러 왔는데 또 요가를 해야 하다니! 앞으로도 이런 걸 매번 해야 한단 말인가!

연신 한쪽 벽에 붙은 시계를 흘끗거렸지만 그럴수록 시곗바늘은 원망스럽게도 꼼짝하지 않았다. 곡소리가 절로 나오고 20분이 마치 200시간처럼 느껴졌다. 만화책《드래곤볼》에 등장하는 정신과 시간의 방(시간이 느리게 가는 수련의 방. 밖에서의 하루가 이곳에서는 1년이다)이 바로 이곳이로구나 싶었다. 아무래도 괜히 온 것 같았다. 죄 없는 강사가 괜스레 미워지기까지 했다. 숫자는 대체 왜 저렇게 천천히 세는 거야? 스튜디오에 가득한 폴을 바라보며 느끼던 설렘은 어느덧 온데간데없어졌다. 부들대는 팔로 플랭크 자세를 유지하며 속으로 다짐했다. '폴댄스도 나와 맞

지 않는 운동인 것 같아. 괜히 석 달이나 등록했어. 이를 어쩐담.'

　난관은 그걸로 끝이 아니었다. 본격적인 수업이 시작되자 웜업과는 비교도 안 되는 고통이 따라왔던 것이다. 그날의 진도는 팅커벨. 이름처럼 아주 예쁜 동작으로, 한쪽 오금을 폴에 걸고 다른 쪽 정강이는 폴 뒤에 붙인 뒤 환하게 웃으며 한 손을 떼면 된다. 요정처럼 깜찍하고 우아하게 움직이는 강사의 시범을 보고 있노라니 준비 운동으로 혼이 쏙 빠질 만큼 지쳤음에도 다시금 기운이 솟았다. 나도 저 동작을 하면 강사처럼 예뻐 보이려나? 그래, 어디 한번 해보자. 하지만 폴에 오금과 정강이를 가져다 댄 순간, 나의 의지와 무관하게 입에서 날카로운 비명이 튀어 나왔다. "악, 아악!!!!!"

　웜업 훈련이 육체적인 '힘듦'이었다면, 폴 운동은 그야말로 물리적 '고통'이었다. 강사처럼 입가에 미소를 띠고 우아하게 한 손을 떼기는커녕, 오금을 어정쩡하게 폴에 건 채로 부들거리는 우스꽝스러운 상태로 둘째 날 수업이 끝났다.

　이후로도 비슷한 상황이 반복되었다. 그다음 수업 시간에는 발목과 무릎의 힘으로 폴을 기어오르는 '클라임'을 배우면서 사극에 등장하는 '주리 틀기'가 얼마나 큰 형벌인지 이해할 수 있었다. 양쪽 허벅지 사이에 폴을 끼우고 앉는 '폴싯'도 만만치 않았다. 연한 속살을 쇠파이프로 압박하는 느낌은 그야말로 경험해본 사람만 알 수 있다.

날이 갈수록 점점 더해지는 문자 그대로의 고통을 겪으며 첫날의 선택을 얼마나 후회했는지 모른다. 아, 이게 아닌데. 체험 수업에 현혹되지 말았어야 하는데. 철근이나 다름없는 폴로 온몸을 조이고 누르고 비비며 잔뜩 시달린 뒤로는 갈 때마다 걱정으로 양미간이 잔뜩 좁혀졌다.

그렇지만 웜업으로 1차, 본수업으로 2차적으로 조져지는(?) 동안 전혀 예상치 못한 부수적인 효과가 있었다. 바로 머릿속이 텅 비어버린다는 것. 매트 위에서 한 동작 한 동작 버텨내는 것만으로도 버겁다 보니 다른 생각을 할 틈이 없었다. 본수업 또한 마찬가지였다. 오금과 정강이의 아픔을 참으면서 젖 먹던 힘까지 끌어올려 폴에 매달려 떨다 보면 문자 그대로 모든 잡념이 사라졌다. 불안도, 고민도, 걱정도, 마감을 지키지 못했다는 괴로움도, 그 괴로움을 참지 못하고 바로 도망치곤 했던 한심한 스스로에 대한 원망도, 아침에 아이들과 한바탕 푸닥거리하는 과정에서 느꼈던 짜증과 분노도, 거기에 따라오는 폭풍우 같은 후회와 자괴감도, 그런 부정적인 감정에 시달리는 사이 연쇄적으로 떠오르던 온갖 감정의 찌꺼기들까지. 버티는 동안에는 갖지 못한 것에 대한 열망, 타인에 대한 질시와 열등감을 잠깐이나마 잊을 수 있었다.

그렇게 나는 깨달았다. 때로 괴로움도 도움이 된다는 사실을, 가끔은 몸의 괴로움이 마음의 괴로움을 덜어주기도 한다는 것을 말이다. 동시에 신체를 극한까지 밀어붙여본 이들 중에는 정신적으로 극단에 몰린 이들이 많았다는 사실 또한 기억해냈다.

그 시간만큼은 나를 덜 미워할 수 있었다

엘 캐피탄 등반에 도전하는 두 남자에 관한 다큐멘터리인 〈던 월〉의 주인공 토미 콜드웰 역시 그런 이들 중 하나다. 또래에 비해 발달이 늦고 약했던 어린 소년은 아버지를 따라 암벽 등반을 다니다가 우연히 참가한 동네 클라이밍 대회에서 우승하며 클라이밍계의 샛별로 떠오르고, 이후 각종 대회에서 우승을 이어가며 승승장구한다.

하지만 등반 초청을 받고 떠난 키르기스스탄에서 반

란군들에게 납치 당하면서 구름 한 점 없을 것 같았던 그의 앞날에 어두운 그림자가 드리운다. 엿새간 아무것도 먹지 못하고 언제 죽을지 모르는 공포에 시달리며 감금되었던 콜드웰은 자신을 감시하던 반란군을 절벽에서 밀어버리고 극적으로 탈출하는 데 성공하지만, 이후 사람을 죽였다는 죄책감으로 인해 슬럼프에 시달린다. 그럴수록 등반에 매달리며 조금씩 회복해나가던 그에게 연달아 시련이 닥치는데, 바로 전기 톱날에 검지를 잃는 사고가 발생한 것이다.

손가락을, 그것도 엄지와 더불어 가장 많은 힘이 들어가는 검지를 잃은 등반가라니. 클라이머에게 일어날 수 있는 최악의 비극이었다. 당연히 등반은 포기해야만 하는 상황이었지만 콜드웰은 의사를 비롯한 주변 모두가 만류하는 상황에서도 끝까지 등반 훈련을 지속하며 스스로를 위로한다. 등반을 못하게 된 고통까지 등반으로 잊으려 했던 것이다. 결국 콜드웰은 거듭된 훈련 끝에 마침내 모두가 불가능하다고 말했던, 난이도가 세계 최악이라는 절벽을 모두 돌파한다. 손가락 하나 없이, 그것도 기네스북에 오를 만한 엄청난 기록으로.

여기까지만 해도 평범한 사람이 겪기엔 어마어마한

서사일 테지만 안타깝게도 그에게 일어난 불행은 그것으로 끝이 아니었다. 바로 평생의 사랑이라 믿어왔던 아내가 다른 사람과 사랑에 빠진 것이다. 죽마고우이자 가장 친한 친구, 가장 사랑하는 사람, 유일하게 믿을 수 있었던 동료를 잃은 콜드웰은 몸의 절반이 깎이는 듯한 극한의 고통을 극복하기 위해 다시금 등반을 택한다. 고통의 크기에 비례한 것마냥 지금까지와는 비교도 되지 않는 무시무시한 난이도의 등반을.

엘 캐피탄은 그때까지 누구도 성공은커녕 등반 시도조차 해본 적 없는 극악의 코스였다. 자연히 처음부터 끝까지 모든 걸 혼자 감당해야 하는 상황이었으나 콜드웰은 몇 년에 걸쳐 이 모든 작업을 꿋꿋하게 한다. 직벽을 하나하나 탐색하며 등반이 가능한 위치를 지도에 그리고, 강도 높은 훈련을 거르지 않고 지속한다. 거의 불가능에 가까워 보이는 작업을 하는 그를 주변에서는 걱정스러운 눈길로 바라보고 심지어는 미쳤다고까지 생각한다.

보통 사람들에게는 이해하기 어려운 일이었다. 대체 무슨 이유로 고통을 자처하지? 왜 저렇게 힘든 길을 택하지? 하지만 당시의 콜드웰에게 등반이란 하고 싶어서 하는 것이라기보다는 하지 않으면 안 되는, 그렇게라도 해야만 버틸 수 있는 유일한 수단이었다. 남들에게는 하등 쓸모없고 무의미하며 고통스러운 행위 같아 보여도 콜드웰에게는 살기 위한 발버둥이었던 것이다.

폴댄스를 배우며 그 사실을 비로소 깨우쳤다. 웜업을 하며 연신 시계를 흘끔거릴지언정, 내가 왜 이 고생을 사서 한다고 했을까 후회할 망정, 폴 위에 올라 있는 동안에는 다른 생각이 떠오르지 않았다. 적어도 그 시간만큼은 나 자신을 덜 미워할 수 있었다. 그래서인지 시간이 지날수록 폴댄스 수업 날을 손꼽아 기다리기 시작했다. 수업 시간이 힘들고 고통스러워 '에잇, 다신 안 해'라고 생각했다가도 스스로가 미워지는 날이면 다시금 폴을 떠올렸다.

이제는 고난과 어려움이 커질수록 자신을 더욱더 큰 고통으로 몰아붙였던 콜드웰을 충분히 이해한다. 못난 스스로에 대한 자괴감과 좌절로 몸부림쳐본 경험이 누구에게나 있으니까. 마음의 고통이 육체의 고통과는 비교할 수 없을 정도로 무거울 때가 있다.

다큐멘터리 후반부에서 등반에 성공한 소감을 묻는 질문에 콜드웰은 답한다. 본인 스스로도 암벽 등반이 불가능하다고 여겼다는 게 정말 중요한 것 같다고, 불가능한 일에 온 정신을 쏟다 보면 다른 건 생각할 수도 없다고. 플랭크 동작을 1분 넘게 지속할 때마다 머릿속으로 콜드웰의 말을 다시 한번 떠올리며 속으로 중얼거린다. 맞다고, 나 역시 그 마음에 대해 안다고. 그렇게 구슬땀을 흘리며 벽에 붙은 시계를 흘끔거리는 순간, 바로 옆에 붙은 글귀가 눈에 들어온다.

"괴로운 건 네 몸이 아니다. 네 마음이다."

초라한 나를 견디는 법

첫 단추를 꿰기는 어렵다. 익숙하지 않은 식재료나 음식을 맛보는 것, 새로운 사람을 만나는 것, 한 번도 가보지 않은 지역에 방문하는 것 등 낯선 것 앞에 서면 두려움과 불안으로 포기하기 일쑤다. 하지만 일단 두려움이라는 커튼을 걷고 창밖을 바라보면 새로운 세계가 펼쳐진다. "시작이 반이다"라는 말이 괜히 있을까.

취미 활동 역시 마찬가지다. 낯섦에 대한 경계가 허물어진 뒤부터는 그간의 걱정이나 고민, 불안과 같은 자욱한

안개가 걷히고, 신선함과 기쁨, 재미와 같은 것들이 그 자리를 대신 채운다. 흔히 말하는 '허니문 시기'다. 사랑에 빠진 이들이 열기에 들떠 어쩔 줄 모르는 것처럼, 취미 초심자들 역시 사방팔방 자신의 행복과 기쁨을 전파하지 못해 안달이 난다.

    나 역시 긴장되는 첫 수업의 관문을 무사히 넘긴 뒤로 난리가 났다. 모든 것이 마냥 새롭고 신선했다. 수업이 끝나고 집에 가면 영상 속 스스로의 모습을 보고 또 보았다. 불과 얼마 전까지만 해도 폴댄스의 폴 자도 모르던 사람이 공중에 매달려 있다는 사실이 그렇게 신기하고 자랑스러울 수 없었다. 갈 때마다 새로운 기술을 익히는 재미도 무시하기 어려웠다. 두 손으로 폴에 매달리는 스프레드, 오금을 폴에 걸고 버티는 팅커벨, 다리와 다리 사이에 폴을 끼우고 앉는 폴싯 등 모든 기술이 배우는 족족 내 것이 되는 것 같았고, 처음엔 미흡하더라도 시간을 들여 연습하면 성공할 수 있었기에 날이 갈수록 자신감이 치솟았다. 이와 같은 성취의 기쁨을 한 번이라도 더 맛보려 학원에 가는 날만을 손꼽아 기다렸다.

    한 달쯤 지나 일주일에 두 번씩 양손에 폴을 잡는 것이 익숙해졌을 무렵에는 그야말로 '폴댄스 뽕'이 한껏 차오르기에 이르렀다. 누군가를 만나기만 하면 폴댄스가 얼마나 재미있고 유익한지 설명하느라 바빴고, 친구들에게는 같이 폴을 타자고 꼬드겼다. 폴을 타러 가는 날이면 기대감에 눈이 저절로 떠졌고, 가늘고 긴 것은 모두 폴로 보였다. 아이들을 데리고 놀이터에 가면 미끄럼틀 기둥에라도 다리를 감았다. SNS에는 매일같이 폴댄스 이야기를 적었다. 세상만사 모든 것이 폴을 중심으로 돌아갔다.

하지만 제아무리 불같은 사랑에 빠진 연인이라 한들 처음의 열정적인 그 마음이 그대로 끝까지 갈 수는 없는 법이다. 허니문 기간이 끝나고 나면 그 달뜬 마음은 조금씩 빠지기 시작한다.

권태기의 나날

약 석 달간 기초적인 기술을 익히고 나니 본격적인 초급 수업이 시작되었다. 몇 번 연습하면 비교적 쉽게 익힐 수 있었던 입문 단계 기술에 비해 응용 동작들은 꽤나 난이도가 높았다. 새 기술들이 너무 어렵게 느껴졌고, 결국 실패한 끝에 의기소침해진 상태로 집에 돌아갈 때가 많았다.

못하니까 배우고 연습한다는 생각도 한두 번이지, 아무리 해도 되지 않는 날이 늘다 보니 나도 모르게 스스로를 탓하게 되었다. 마치 꿈꾸는 것처럼 둥실둥실 온종일 떠다니던 기분은 점차 가라앉고, 한창 재미있던 폴댄스가, 영원히 재미있을 줄로만 알았던 폴댄스가 지루해지기 시작했다. 급기야 수업에 가기 전부터 한숨이 나왔다.

초창기만 하더라도 폴댄스가 비교나 경쟁에서 상대적으로 자유로운 운동이라고 생각했다. 팀 운동도 아니고, 달리기처럼 기록을 재거나 적어도 '시합'을 벌이지는 않으니까. 더군다나 운동 기간에 따라 실력도 천차만별이기에 나보다 잘 타는 사람들을 보아도 크게 개의치 않았다. 더 많은 시간을 투자했으니 더 잘하는 것이 당연지사지. 내가 신경 쓸 것은 오직 나 자신, 어제보다, 그 전날보다 조금 더 나아진 나 자신뿐이라고 여겼다. 내 발전과 상태에 집중하다 보니 성취감을 느꼈고 몸과 마음이 건강해지는 것 같았다.

하지만 이 세상에 비교와 경쟁에서 완벽하게 자유로운 것은 없었다. 아무리 홀로 하는 운동이라지만 눈앞에 뻔히 보이는 풍경을 외면하긴 어려웠다. 비슷한 시기에 시작한 회원이 내가 실패한 기술을 어렵지 않게 성공하는 모습을 볼 때면, 혹은 나보다 늦게 입문한 회원이 내가 아무리 애써도 못하던 것들을 아무렇지 않게 해내는 모습을 볼 때면, 나도 모르게 자괴감이 생기고 자기혐오에 사로잡혔다. 다른 회원들이 모두 성공한 기술을 나 홀로 실패한 순간은 말 그대로 기운이 쭉 빠졌다. 나는 왜 이렇게 못하는 걸까. 왜 애써도 안 되는 걸까. 혹시 재능이나 소질이 없는 걸까. 이 운동이 나하고 맞지 않나.

그러면서 바로 폴태기(폴댄스 권태기)가 찾아왔다. 거의 매일 들락거리던 학원을 2주 가까이 가지 않고 주로 집에만 머물렀다. 마감이 급해 운동할 시간조차 부족하다는 핑계였지만 진짜 원인은 따로 있었다. 그즈음 수업에서 배우는 기술을 연달아 실패했던 것이다.

꾸준함이라는 재능

'내일은 반드시 가야지!'라고 다짐하며 수업을 예약해도 시간이 점점 가까워질수록 하기 싫어져 결국 취소 버튼을 누르기를 수차례. 자칫 수강권을 날려버릴 위기에 처한 그 순간에 문득 옛 친구 Y가 떠올랐다. 중학교 3학년 때 같은 반이었던 Y와 나는 둘 다 책과 글쓰기를 좋아한다는 사실을 알고 빠르게 가까워졌다. 서로의 책을 바꿔 읽고, 각자 쓴 소설이나 시의 코멘트를 주고받고, 때로는 내가 쓴 시에 Y가 그림을 그려주기도 하며 많은 시간을 함께 보냈다.

어느 날, 국어 수업 중 과제로 써온 산문을 돌아가며 발표하는 시간이 있었고, 마침 교사의 지목으로 Y가 써온 글을 읽게 되었다. 20년이 지난 지금까지도 그때 받았던 충격이 생생하다. 진솔한 어조와 빼어난 문장, 훌륭한 감각, 타고난 재능, 듣는 이의 마음을 절로 움직이는 아름다운 글. 바로 그 순간이었던 것 같다. 어려서부터 늘 즐기던 글쓰기를 더는 좋아하지 않게 되었던 것이. 압도적인 재능 앞에 일반인이 느끼는 좌절을 경험했고, 머리를 재빨리 굴려 빠르게 포기를 택했다. 꾸준히 적던 일기를 더는 쓰지 않았던 것도, 즐거운 마음으로 참가하던 백일장에 불참하기 시작한 것도, 책을 더는 열정적으로 찾아 읽지 않게 된 것도 이 무렵부터였다.

성인이 되고도 마음을 움직이는 글을 만나거나 인상 깊은 책을 읽게 되면 종종 Y를 떠올렸다. 지금 무엇을 하고 있을까? 여전히 글을 쓸까? 한번은 SNS에 Y를 검색해보기까지 했다. 워낙 드문 이름이라 찾기 어렵진 않았다. 그런데 당연히 작가가 되었으리라 생각했던 Y의 직업은 예상과 다르게 평범한 회사원이었다. 그 후로 글쓰기가 막힐 때마다, 글쓰기를 그만두고 싶어질 때마다 생각하곤 했다. 재능보다 중요한 건 꾸준함이라고, 잘하든 못하든 그만두지 않고 계속하다 보면 길이 나타난다고.

 마음이 조금 평온해졌다. 눈을 꼭 감고 마음속으로 반복해서 되뇌었다. 그만두지 말자고, 계속하자고, 운동을 처음 시작할 때의 다짐을 잊지 말자고. 잘하고 못하고를 떠나 나는 지금 밖에 나와 있고, 몸을 움직이고 있고, 뭐라도 하고 있다고, 내가 원하고 목표로 했던 운동을 배우는 것에 의의를 두자고 말이다.

 결국 한숨을 삼키면서, 물에 젖은 솜처럼 무거운 몸을 일으켜 수업에 출석했다. 그러고. 다니길 다시 몇 주, 신기한 일이 일어났다. 실패만 거듭하던 나날에서 하루, 이틀, 배운 기술을 성공하는 날이 조금씩 늘어나더니 어느새 실패하는 날과 역전된 것이다. 집에 가는 길에 눈물을 쏟게 만들었던 동작, 그동안은 그렇게 안 되던 기술 역시 가뿐히 성공했다. 어리둥절할 정도로 큰 힘을 들이지 않고 자연스럽게.

 그때로부터 꽤나 시간이 흘러 비슷한 시기에 함께 운

동을 시작했던 이들 대부분이 그만두었고, 어쩌다 보니 늘 뒤처지고 버벅거리던 나는 아직까지도 폴을 타는 중이다. 5년 전 폴을 배우던 초창기와 비교하면 근력과 유연성이 비교할 수 없을 만큼 달라진 내 모습을 보면서, 꾸준함의 중요성에 대해 다시금 생각한다.

이건 내 길이 아니라고, 안 되는 건 빨리 접는 편이 현명하다며 너무 쉽게 포기하고 그만두어버린 것들, '가성비'를 생각해서 때로는 노력조차 하지 않았던 것들, 혹은 처음부터 시도할 생각도 없었던 것들. 만약 그런 것들을 여태 계속하고 있었더라면 지금 나는 어떤 모습일까.

학창 시절에 어른들로부터 '성적은 계단식으로 올라간다'는 말을 자주 들었다. 공부의 성과는 오랜 시간 쌓인 결과가 누적되어 한꺼번에 드러나는 것이라고, 그러니 결과에 일희일비하지 않고 꾸준히 계속하는 것이 중요하다고 말이다. 폴댄스 또한 다르지 않았다. 실력이 향상되려면 일정한 시간이 필요했다. 지지부진한 시간을 견디며, 되든 안 되든 반복해서 연습하고 애쓰다 보면 그 과정에서 근력과 유연성이 누적되어 이전에는 불가능하던 것이 가능해지는 상태에 도달하게 되는 것이었다.

그 사실을 깨우치면서 초심자의 두 번째 고비인 반년

도 무사히 넘길 수 있었다. 이후 슬럼프가 찾아올 때면 매번 비슷한 과정을 거쳤다. 물론 결코 쉽지만은 않았다. 실패란 언제 겪어도 즐거울 수 없는 경험이고, 실패를 반복할 때마다 지금 시간 낭비 중인 건 아닌지, 혹 가능성 없는 일에 사서 고생하고 있지는 않은지 의심하며 견뎌야 했으니까. 그럼에도 미리 지불한 수강료 탓에 별 방법이 없어서 지속했고, 그런 와중에 깨닫게 되었다. 다른 사람보다 못할지 모르지만 어쨌든 어제의 나보다는 좋아지고 있다는 사실을, 초라하고 못난 나의 모습을 받아들이면서 계속하기만 한다면 나아질 수 있다는 사실을.

그런 의미에서 무언가를 꾸준히 한다는 건 어쩌면 자신의 초라함을 견디는 것의 다른 말인지도 모르겠다. 같은 선상에서 앞으로의 목표 역시 지금까지와 크게 다르지 않다. 더 잘하게 되는 것, 능숙해지는 것, 남보다 뛰어난 것이 아니라 느리더라도, 버겁더라도, 그만두지 않는 것. 운동도, 읽고 쓰는 삶도 말이다.

TIP 아직도 운동을 망설이는 당신에게

Q. 폴댄스, 야한 옷 입고 봉에 매달리는 운동 아니에요?
A. 폴댄스는 신체와 봉 사이의 마찰력을 이용하는 전신 운동으로서 노출이 있는 전용 운동복인 '폴웨어'를 착용합니다. 이는 수영장에서 수영복을 입고, 발레를 배울 때 레오타드를 입는 것과 마찬가지죠. 긴바지나 긴소매로도 운동이 불가능하진 않지만 그만큼 더 많은 힘이 요구되며, 자칫 부상당할 위험도 있습니다.

Q. 전 팔 힘이 없는데 어떻게 봉에 매달리죠?
A. 물건을 움켜쥘 힘만 있다면 누구나 할 수 있습니다. 초등학생들도 따라할 만큼 기초적인 동작부터 시작하는데, 그 과정을 차근차근 익히다 보면 서서히 팔을 비롯한 전신의 힘이 길러집니다.

Q. 고도비만인데/남자인데/근육이 없는데 할 수 있나요?
A. 체중이 많이 나가면 그만큼 더 많은 힘이 필요하겠지만 폴댄스는 양팔만 아니라 신체의 다른 부위도 폴에 함께 밀착하므로 충분히 가능합니다. 또한 조금씩 연습하고 훈련하다 보면 근력이 길러지고 체중 감량에 도움이 되기도 합니다.
성별도 중요하지 않아요. 실제로 세계적으로 유명한 폴댄서 중에는 남성도 많습니다. 아무래도 남성의 경우에는 여성보다 유연성이 떨어지지만 근력이 있으므로 힘이 필요한 동작은 더 손쉽게 따라 할 수 있습니다.

2부

폴 위에서
춤을 추며

절망이랑
싸울 거야

이제는 안다.
나를 다그치는 것도, 용서하는 것도,
기쁘게 하는 것도, 괴롭히는 것도 모두 나 자신이다.
중간에 멈춘다고 나약한 것이 아니라는 걸,
설령 나약하다고 한들 그것이
가치 없지 않다는 걸 이제는 안다.

세상은 모두에게 공평하게 불공평하다

"승혜 님은 왜 자꾸 엉덩이를 만져요?" 어느 날 한 회원이 물었다. 당황스러웠지만 솔직히 고백했다. "아, 땀 좀 닦느라고요."

운동하는 내내 손과 발에서 옹달샘 마냥 퐁퐁 솟아나는 땀 때문에 수건을 가지고 다니기 시작했지만, 어디까지나 폴에 오르기 전이나 내려온 이후에만 사용할 수 있었다. 궁여지책으로 찾아낸 방법은 입고 있는 폴웨어에 손을 닦는 것. 면적이 워낙 좁은 이 운동복의 특성상 그나마 엉덩이 부위가 닳을 만했고, 결국 나는 매번 폴을 타며 엉덩이를 만지는 사람이 되고 말았다.

폴댄스는 신체의 여러 부위를 이용하지만 아무래도 손을 가장 많이 쓴다. 손이 미끄러우면 당연히 폴에 오를 수 없으므로 보통 그립제(미끄럼 방지제)를 필수적으로 바른다. 클라이밍에서 사용하는 초크나 당구를 칠 때 손에 묻히는 하얀 가루와 마찬가지로 마찰력을 높여주고 땀을 억제하는 역할을 한다.

그런데 이게 웬걸, 3회차 수업을 받던 날, 그립제를 잔뜩 발랐음에도 손발에 땀이 멈추지 않는 것이다. 첫날과 둘째 날은 (동작이 워낙 간단하고 짧아서) 알아차리지 못했던 탓에 더욱 당황스러웠다. 일단 매달려 있어야 강사가 '조립'이라도 해줄 텐데 손이 미끄러워 아예 폴을 잡고 버티기조차 불가능했다. 남들 다 하는 걸 혼자만 못하고 있노라니 더욱 진땀이 났다. 어찌할 바를 몰라 하는 나를 진정시키며 강사는 간혹 이런 날이 있다고, 다음에는 괜찮을 것이라고 격려해주었지만 아무것도 못하고 집으로 돌아가는 기분이 좋을 리 없었다.

복병이 나타났다

문제는 그날만 나는 줄 알았던 땀이 그다음 시간에도 멈추지 않았다는 사실이다! 물론 몸에 땀이 흐르는 것은 자연스러운 현상이지만 나의 경우에는 그 정도가 지나쳤다. 뒤돌아서면 땀이 났고, 잔뜩 바른 그립제가 무색할 만큼 폴에 오르자마자 손발이 흥건해졌다. 평소에 몸이 찬 편이라 거의 땀을 흘리지 않았기에 곤혹스러움은 더했다. '정말 왜 이러지? 내가 이렇게 땀이 많은 사람이었던가?' 그야말로 울고만 싶었다.

땀이 비단 온습도의 영향만 받는 것은 아니다. 아플 때도 땀이 나고, 힘들어도 땀이 나고, 무서워도 땀이 나고, 매운 것을 먹어도 땀이 나며, 긴장해도 땀이 난다. 나의 문제는 다름 아닌 긴장. 나로 말할 것 같으면 모의고사에서는 잘하다가 본시험은 망치는 유형이라 할 수 있다. 타고나길 불안과 걱정이 많은 탓에 어려서부터 큰일을 앞두면 몹시 긴장하곤 했다. 중요한 순간에 배가 아프다거나 화장실에 가고 싶어지는 것은 기본. 물론 일상생활이 불가할 정도로 심하지는 않았고, 설령 땀이 난다고 한들 크게 불편하진 않았으므로 여태껏 별 탈 없이 잘 살아왔다. 폴을 타기 전까지는.

자꾸만 폴에서 미끄러지다 보니 자연스레 '땀을 흘리면 안 된다'고 생각하게 되었는데, 이것이야말로 큰 문제였다. 그럴수록 점점 더 땀이 났던 것이다! 땀이 땀을 부르는 악순환. 나중에는 폴을 떠올리기만 해도, 폴댄스 영상만 봐도 땀이 나는 지경에 이르렀다.

자연히 수업 때마다 버벅거리는 시간이 이어졌다. 수건으로 손을 연신 닦았지만 그립제가 잔뜩 묻어 있는데다가 알코올을 뿌려 축축해져 있어서인지 제대로 닦이지 않았다. 비누칠로 손을 박박 닦느라 화장실을 왕복하며 생각했다. 설마 이게 말로만 듣던 다한증이라는 건가?

이후로 한동안 내 머릿속에는 내내 '땀'이라는 한 글자밖에 없었다. 땀… 땀… 땀…. 집으로 가는 길에 신묘한 해답을 기대하면서 휴대전화로 '폴댄스 땀' '폴댄스 다한증'과 같은 키워드를 닥치는 대로 검색해보기도 했다. 폴댄스 자체가 그리 대중적인 운동이 아님에도 나와 같은 사람들이 존재했다는 것이 그나마 다행이었달지.

하지만 공감대와 함께 명쾌한 해결 방안을 얻으리라는 기대와 다르게 검색 결과는 그다지 희망적이지 않았는데, 땀이 많아 폴댄스를 하는 동안 고생했다는 경험담의 대부분이 결국은 땀 때문에 운동을 그만두었다는 결론으로 끝났기 때문이다. 그만두다니. 이제 막 시작한 내 수강권은 어쩌라고? 그것만은 안 돼!

내적 비명을 지르며 추가로 '다한증 그립제' '폴댄스 땀억제제' 등을 검색했다. 다행히 이 또한 먼저 겪어본 사람들의 소중한 경험담이 존재했다. 어떤 사람은 폴댄스 전용 장갑을 낀 채 운동했다고 하고, 다른 사람은 자신에게 맞는 그립제로 바꾸었더니 땀이 훨씬 덜 나더라고 했다. 관련 게시물을 모두 꼼꼼히 읽어본 뒤 개중 자주 언급된 몇 가지를 주문했다. 해외에서 직구해야 하는 꽤나 고가의 제품이었지만 상관없었다. 물건을 사면서 침체되어 있었던 마음이 조금은 다시 회복되는 듯했으니까. 그래, 땀만 안 나면 어디 두고 보라고. 훨훨 날아다닐 테니까!

그러나 며칠 뒤 당도한 결과는 기대와 각오가 무색하게도 무척이나 실망스러웠다. 장갑부터 이야기하자면 일단 너무나 불편했다. 미끄럼을 방지하기 위해 딱 맞는 사이즈를 착용하다 보니 손을 옴짝달싹하지 못할 만큼 꽉 죄였다. 더 심각한 문제는 그런 와중에도 손에서 땀이 멈추지 않았고, 장갑이 겉돌면서 미끄러졌다는 것이다. 손바닥으로 폴을 직접 느낄 수 없기에 힘을 정교하게 주기도 어려웠다. 장갑을 힘겹게 벗는데 눈앞에 2만 원이 공중으로 흩뿌려지는 것 같았다.

그립제 역시 상황이 크게 다르지 않았다. 바른 직후에는 효과가 있는 듯싶었으나 잠깐 폴을 타다 보면 다시금 손이 땀으로 흥건해졌다. 하기야 심리적인 문제인데 그립제 하나 바꾼다고 땀이 멈출 리 없다.

절망적인 심정으로 '다한증 치료' 같은 키워드를 다시 검색해보았다. 방법이 없진 않았다. 세상에는 심리적이든 체질 문제이든 손발에 땀이 너무 많아 일상생활 자체가 불가능한 사람들이 존재했고(손에 땀이 너무 많으면 연애조차 어렵다), 이들을 위한 치료 방안 역시 있었다. 바로 손바닥이나 발바닥에 보톡스를 주사하여 땀 분비선을 마비시키는 것. 아, 현대 의학의 놀라움이여!

문제는 비용이 꽤나 고가이고, 굉장히 아프며, 한편으로는 땀이 완전히 억제되지는 않는다는 부분이었다. 보톡스를 맞아 주름을 없앤다고 어디 얼굴이 완전히 달라지던가. 손의 땀 역시 마찬가지일 터였다. 효과가 좋다고 한들 앞으로 지속할지 확신할 수 없는 취미 생활을 위해 그처럼 여러모로 리스크가 있는 시술을 받는 것이 아무래도 마음에 걸렸다. 이 또한 체념할 수밖에 없었다.

마지막으로 희망을 걸어본 것은 '약'. 어릴 적 어딘가에서 약을 발라 땀을 억제할 수 있다고 읽었던 기억이 스치듯 났다. 드리클로는 땀이 나는 부위에 전날 밤 바르고 자면 2~3일간 땀샘을 막아주는 의약품이다. 주로 여름철에 셔츠가 젖을 정도로 땀을 많이 흘리는 사람들이 겨드랑이 등지에 바른다는 그 약에 실날같은 희망을 걸어보기로 했다. 약국에서 사온 드리클로를 손바닥과 발바닥에 꼼꼼히 도포하며 잠들기를 수차례. 홍수처럼 쏟아지던 땀이 조금 줄어든 것도 같았다. 다만 모든 약에는 내성이 있는데, 드리클로도 예외가 아니었다. 두 번째 사용할 때는 처음보다 효과가 떨어졌고, 세 번째쯤 되니 바르기 전과 다름없이 땀이 몽글몽글 솟아났다. 고생은 고생대로 하고, 효과는 아주 미미한 수준이다 보니 이 방법 또한 얼마 못 가 포기할 수밖에 없었다.

돌고 돌아 결국 제자리. 이런저런 방법을 써보았지만 원초적이면서도 단순한 방법, 즉 수건으로 땀을 닦는 것이 가장 경제적이면서 효과와 만족도도 높았다. 그렇게 나는 어느 순간부터 집에 있던 면 수건을 가지고 다니게 되었다. 하지만 폴을 탈 때는 수건을 사용할 수 없는 탓에 땀이 날 때마다 엉덩이를 만지는 사람이 되고야 말았던 것이다.

누구도 완벽할 수 없다는 평범한 진리

●

폴댄스처럼 손을 많이 쓰는 운동에서 이보다 더한 핸디캡이 있을까. 힘이 달리거나 운동 신경이 없어서가 아니라 땀 때문에 손이 미끄러지고 하다못해 연습하기조차 어려울 때마다 속이 쓰렸다. 심지어 내가 손이 미끄러워 못하는 동작을 나보다 늦게 입문한 회원이 어느 틈에 척척 해내는 모습을 볼 때면 질투심이 들기도 했다. 인생은 너무나 불공평하다고, 나는 정말이지 폴을 타기에 적합하지 않은 몸과 마음을 타고났다고 생각했다.

한 회원은 땀이 잘 안 나는 체질이고 오히려 손이 몹시 건조한 편이라 그립제조차 바르지 않았다. 스파이더맨처럼 폴에 착착 달라붙는 그의 손이 그렇게 부러울 수 없었다. 나도 손의 땀만 아니었다면, 저런 체질을 타고났더라면 지금보다 훨씬 더 폴을 빠르게, 잘 배울 수 있었을 텐데. 에라, 이 불공평한 세상!

그러던 어느 날, 수업 후 잠시 남아 연습하고 있을 때였다. 오전 수업에서 자주 마주치던, 엄마뻘로 보이는 회원이 짐을 정리하다 말고 말을 걸어왔다. "볼 때마다 너무 잘하네요. 잘해서 부럽다, 정말." 대체 이게 무슨 말인가? 그날도 진도를 제대로 소화하지 못해 끙끙거리는 나를 보고 부럽다니?

"아, 아니에요. 지금도 집에 못 가고 있잖아요. 오늘 배운 것도 제대로 못하는 걸요." 당황하여 손사래를 치는 내게 그분이 다시금 말했다. "아유, 내가 보기에는 너무너무 잘해요. 일단 나보다는 훨씬 낫잖아. 힘도 그렇고, 체력도 그렇고. 젊은 사람들이 운동하는 거 보면 정말 부러워요. 나는 이제 나이를 먹어서 그런지 힘도 달리고 잘 안 돼. 다닌 지 몇 달이나 됐는데도 늘지가 않네. 다들 체력 좋고 할 수 있을 때 열심히 해두세요. 나도 젊을 때 이런 운동을 배웠으면 좋았을 텐데."

그 순간 머리를 한 대 맞은 것 같았다. 내가 누군가를 부러워하고 있었던 것처럼 다른 누군가는 나를 부러워하고 있었던 것이다. 온갖 불리한 조건은 다 갖추고 있다고 생각했는데, 그런 나도 다른 이에게는 부러움의 대상일 수 있었다.

생각해보면 나도 모르는 새 이미 가지고 있는 것이 많았다. 중력을 거스르는 동작이 많은 폴댄스는 아무래도 체중이 가벼운 편이 유리하다. 보디빌더처럼 근력이 넘치면 턱걸이를 하기 힘든 것과 같은 이치다. 즉 체중이 많이 나갈수록 폴에서 오래 버티기 힘들고, 그만큼 난이도가 부쩍 상승한다. 그런 차원에서 평균보다 저체중인 내 몸은 폴을 타는 데 분명 유리한 조건이었다.

또한 프리랜서라 낮 시간이 비교적 자유롭다는 이점도 있었다. 낮 수업은 상대적으로 한산하고 수업 앞뒤로 연습 시간도 넉넉하다. 여기에 더해 특별히 아프거나 불편한 부위가 없는 덕에 운동하는 데 아무런 지장도 없으며, 요가나 수영 등에 비해 수강료가 비싼 폴댄스를 운동으로 삼을 정도의 경제력도 갖추었다. 부상을 입었거나 선천적으로 몸이 약해 아예 운동을 할 수 없는 이들, 경제적으로 여유가 없어 취미 생활에 비용을 할애하기 어려운 이들에 비해 너무나 여유롭고 안정적인 상황이었다.

손에 땀이 많아 폴을 타기에 불리하다고, 나만 유난히 어려운 처지에 놓여 있다고 생각했지만, 사실 그렇지 않았다. 누군가에게는 체중이, 경제 상황이, 바쁜 업무가, 체력이, 나이가 큰 장벽일 수 있음을 깨달았다. 내가 이미 갖추고 있는 조건들이 모두에게 동일하게 적용되지 않는다는, 세상에는 완벽하게 공평한 것도, 불공평한 것도 없다는 진리를 다시금 생각하게 되었다.

그 이후로는 땀을 대하는 마음이 이전보다 훨씬 편해

졌다. 물론 여전히 땀은 멈추지 않았고, 그렇게 흐르는 땀 때문에 폴을 탈 때마다 매번 불편했지만, 내가 이미 가지고 있는 것을 생각하니 적어도 그전만큼 억울하거나 속상한 마음은 들지 않았다.

마침 최초에 등록한 횟수가 거의 끝나가고 있었고, 이대로 운동을 지속할지 여부를 고민하는 중대한 기로에 놓여 있었다.

'앞으로도 지금처럼 계속 땀이 나 불편하다면 차라리 일찌감치 관두는 게 맞지 않나' 하는 생각에 재등록을 한참이나 망설였던 것이다. 하지만 모두의 신체 조건이 동일하지 않다는 것을, 각자 처한 상황과 처지가 모두 다르다는 것을, 나만 유달리 불리하지 않다는 것을 생각하며 마음을 다잡을 수 있었다.

그래, 그까짓 땀 따위 좀 나면 어떤가. 수건으로 닦으면 그만인 걸. 그렇게 땀으로 인해 자칫 멈출 뻔했던 폴이 계속 돌아가게 되었다.

갈비뼈를 내어주고 깨달은 것들

어려서부터 엄마는 아빠를 바라보며 자주 이렇게 말했다. "정말 지독하다, 지독해." 이 말에는 꽤나 복잡한 감정이 깃들어 있다. 안 되는 건 될 때까지, 마음먹은 건 끝까지, 하고 싶은 건 반드시 하고야 마는 아빠는 일흔이 다 되어가는 지금도 식단을 조절하고 아침에 조깅과 수영을 하고 자전거를 탄다. 궂은날에도 컨디션이 좋지 않은 날에도 결코 거르지 않는다. 철인 3종 경기를 대비하며 일일 목표치 운동량을 채우기 위해서다.

며칠 전, 명절을 맞이해 친가에 갔을 때도 아빠는 역시나 새벽같이 운동을 하러 나갔다. 그 모습에 고개를 절레절레 젓고 있는데 옆에서 엄마가 혀를 끌끌 차며 말했다. "뭘 고개를 젓니. 너도 똑같아!" 뜨끔했다. 사실이기 때문이다. 나는 외모도 성격도 아빠를 빼닮았는데, '한번 꽂히면 끝장을 보고야 마는 습성' 역시 그러하다. 멀리서 찾을 것도 없이 폴댄스에 관한 태도만 보더라도 그렇다.

시간이 흐를수록 내 일상에서 폴댄스가 차지하는 비중이 점점 더 높아졌다. 할 줄 아는 기술이 많아질수록, 폴 위에서 버티는 시간이 늘어날수록 성취감 또한 커졌다. 머릿속의 복잡한 상념과 골칫거리들도 폴 위에 오른 순간만큼은 모조리 잊었다. 그러다 보니 일주일에 두 번씩 나가던 수업이 얼마 지나지 않아 서너 번으로 늘어났다. 하지만 한창 불붙은 열정을 채우기에는 이마저도 부족했고 결국 전문가반까지 등록하게 되었다.

전문가반은 이름처럼 폴댄스를 보다 전문적으로 배우고 싶은 회원들을 위한 수업이다. 프로 선수나 강사 양성 코스는 아니고, 취미반 수업과 차별화하기 위하여 붙인 이름이다. 취미반에서 배우기 어려운 고난이도 기술 수업을 정기적으로 듣는 일종의 심화 과정으로 보면 된다. 대부분의 폴댄스 학원이 이러한 프로그램을 운영한다.

내가 다니던 학원의 전문가반은 일주일에 한 번씩 총 여섯 달 과정이었다. 이 수업에서는 일반 취미반에서 20분 남짓이던 웜업을 한 시간씩 진행한 후 기술을 가르치는데, 취미반보다 훨씬 힘들고 고달픈 만큼 체력이 부쩍 늘어나고, 체계적으로 배우면서 한층 실력을 향상시킬 수 있다는 장점이 있다. 특별 과정인 만큼 교육 비용이 상당하지만 수강생에게는 대개 그에 상응하는 다양한 혜택이 주어진다. 내가 등록한 과정의 경우에는 전문가반 수강 기한에는 취미반 수업을 무제한으로 들을 수 있다는 이점이 있었다. 그 말인 즉 마음만 먹으면 1년 365일, 하루에도 대여섯 시간씩 폴을 탈 수 있다는 뜻이다. 그리고 바로 이 점이 문제였다. 원하면 원하는 만큼 폴을 탈 수 있다는 것.

적당히 타협하지 않는다

수업 횟수에 제한이 없어지면서 일주일 서너 번이던 출석 횟수는 어느덧 다섯 번 이상으로 늘어났고, 그러다 매일이 되었고, 심지어는 하루에도 두세 번 이상 연강하는 날이 잦아졌다. 그런 와중에 일주일에 한 번씩 전문가반 수업까지 빼먹지 않고 꼬박꼬박 들었으니, 집에서 먹고 자는 시간을 제외하면 온종일 학원에 있는 것이나 마찬가지였다. 모든 생활이 오직 폴을 중심으로 돌아갔다. 모임에도 나가지 않고, 친구들과의 약속도 삼간 채 오직 운동만을 최우선 순위로 두었다.

그렇게 운동하면서 힘들지 않았냐고? 물론 힘들었다. 매일같이 몇 시간씩 운동하는데 힘들지 않을 리 없다. 사실은 가기 전마다 늘 망설였다. '한 주간 열심히 달렸는데 오늘만큼은 마음 편하게 쉬어볼까.' 하지만 그때마다 머릿속에서 또 다른 목소리가 울려퍼졌다. '아니야, 그러다가 습관이 되어버리면 어떡해.' '하지만 어제 좀 무리해서 그런지 몸이 약간 피곤한데.' '그냥 운동을 쉬고 싶은 안일한 마음은 아닐까? 이러다 나중에 운동을 아예 안 가고 싶어질지 몰라.' '그래도 벌써 엿새 연속으로 운동했는데 너무 무리하는 것은 아닌가?' '아니야, 나보다 더 열심히 하는 회원들도 있는데 혼자만 뒤처지면 어떡해. 며칠 전에 간신히 익힌 기술인데 오늘 한 번 더 해봐야 내 것이 될 거야. 나중에 다시 하려고 들면 또 안 될지 몰라!'

쉬고 싶은 순간마다 매번 두 개의 자아가 대립했고 대

개 강경파가 승리했다. '나약한 사람이 되기 싫다'는 불안과 두려움이 다른 모든 요소를 압도했다. 운동이 마치 나 자신과의 승부처럼 느껴졌다. 잘하든 못 하든 꾸준히 하기로 결심한 이상, 쉬지 않아야만 그 싸움에서 이길 수 있다고 생각했다. 매번 마음속으로 이런 말들을 중얼거리며 학원으로 향하곤 했다. '나는 나약하지 않아. 나는 마음먹은 건 해내는 사람이야. 난 성실해. 그러니까 남들이 쉴 때도 멈추지 않을 거야. 나는 그만큼 의지가 강하니까!'

그런 생각으로 매일 수업을 듣고 늘 마지막까지 남아서 연습하는 것은 물론, 성에 안 차는 날에는 다음 날 일찍 나와 보충 연습을 하곤 했다. 그 정도면 실력이 쑥쑥 늘었겠다고? 글쎄. 그때나 지금이나 경력이 비슷한 회원들과 비교하면 나의 폴링은 그야말로 평범한 수준이다. 아니, 투자한 노력과 시간을 고려한다면 어쩌면 평균에도 못 미칠지도 모른다.

그래서 더욱 연습에 매달렸다. 재능이 없으면 노력이라도 해야지 어쩌겠는가. 초반 몇 달을 거치며 특출난 재능이 없다는 사실을 깨우친 후로, 그럼에도 꾸준히 폴을 타기로 결심한 이후로 내게 남은 건 오로지 연습뿐. 그저 누구보다 열심히 한다는 사실로 만족했다. 매일 운동으로 시간을 보내면서, 밤마다 스마트 워치에 기록된 일일 소모 칼로리를 체크하면서, 한 달 내리 하루도 빠짐없이 채워진 운동 기록을 살펴보면서 흐뭇하게 웃었다. 그렇지만 인간의 몸은 기계가 아니다. 체력과 근력이 무한하지 않다. 설령 기계라 할지라도 1년 365일 24시간 내내 돌리면 문제가 발생한다. 국가대표처럼 힘세고 튼튼한 사람도 고강도 운동을 반복하다 보면 쓰러지기 마련인데 평범한 나는 오죽했을까.

무리한 연습 탓인지 나중에는 운동의 효율도 그다지 좋지 않았다. 기술에 실패하는 비율이 늘어났고, 평소에 잘되던 게 갑자기 안 되기도 했다. 가족과 친구들은 너무 무리하지 말라며 걱정했지만 '쉬면 나약한 것'이라는 생각에 사로잡힌 그때의 내게는 그 말들이 들리지 않았다. 이미 지친 상태에서 계속 폴을 타다가 힘이 빠져 미끄러지기도 여러 번이었는데, 그럴 때조차도 숨 한 번 고르고선 다시 폴 위에 올랐다. 남들과 똑같이 해서는 재능의 한계를 뛰어넘을 수 없다고, 체력적으로 지치고 힘들수록 노력해야지만 성장할 수 있다고 생각했다. 하지만 과욕이 화를 부른다던가. 결국 사달이 일어나고야 말았다.

갈비뼈와 맞바꾼 깨달음

경주에서 대전까지, 285킬로미터에 달하는 여행에서 돌아오던 날. 일반적으로는 이런 경우 집에서 쉬면서 추억을 곱씹고 여독을 풀 것이다. 여행은 체력과 에너지를 쓰는 일이니까. 나 역시 처음에는 얼른 집에 돌아가 편히 쉬고 싶었다. 하지만 마음 한편에서 조바심이 스멀스멀 고개를 들고 일어났다. 이틀이나 '허비한' 시간을 만회해야 한다고, 내가 놀고 있는 동안 남들은 저만치 앞서 나갔을 텐데, 잘하지도 못하는 내가 멈추어 있으면 안 된다고 생각했다.

결국 망설임 끝에 집에서 휴식하는 대신 바로 학원에 가기로 결심했고, 마음을 굳힌 뒤에는 빠듯한 수업 시간에 맞추기 위해 휴게소 한 번 들르지 않고 세 시간 반을 자동차로 내리 달렸다. 시간이 경과할수록, 학원이 가까워질수록 점차 몸이 뻣뻣해지고 어깨와 목이 결려 왔지만 크게 개의치 않았다. 오직 제시간에 도착하여 수업에 참석해야 한다는 생각뿐이었으니까.

서두른 탓인지 다행히 아슬아슬하게 도착할 수 있었다. 안도의 한숨을 내쉬며 열심히 강사의 동작을 따라 하던 그 순간, 문득 우두둑 하고 불길한 소리가 나더니 어깨와 등허리 쪽에서 강렬한 아픔이 느껴졌다. 한 번도 경험해보지 못한 낯선 통증. 갈비뼈가 부러진 것이다.

알다시피 같은 자세를 오래도록 유지하면 근육은 그 상태로 굳는다. 오래 앉아 있거나 누워 있다가 움직이면 몸이 찌뿌둥한 이유다. 같은 이유로 부상을 입지 않으려면 폴에 오르기 전에 스트레칭으로 몸을 충분히 풀어줘야 한다. 하지만 나의 경우 여행으로 심신이 피로한 상태에서 장거리 운전으로 몸이 잔뜩 굳어 있었던 데다가 수업 시간에 빠듯하게 도착하다 보니 몸을 제대로 풀지 못했고, 그 상태로 무리하게 운동을 강행한 결과 결국 뼈가 부러지고 말았던 것이다.

부상을 입으면 몸이 아프고, 몸이 아프면 일상이 불편해진다. 특히 갈비뼈는 한번 다쳐보면 일상을 영위하는 데 얼마나 깊이 관여하는지 실감하게 된다. 기침할 때, 웃을 때, 기지개를 켤 때, 팔을 뻗을 때, 누울 때, 엎드릴 때, 바닥에서 몸을 일으킬 때, 이런 모든 순간에 통증이 따라왔다. 들숨에 한 번, 날숨에 한 번. 등골이 서늘해지는 예리한 통증. 그날 밤은 물론 다음 날 골절 진단을 받고 나서까지 며칠간 한숨도 잘 수 없을 정도였다.

통증으로 끙끙 앓는 동안 스스로를 얼마나 탓했는지

모른다. 웜업 시간에 몸을 잘 풀어줄 걸, 운전을 좀 서두를 걸, 아예 교통 체증에 시달리지 않게 새벽같이 출발할 걸, 아니다, 그냥 처음부터 여행을 가지 말 걸. 내가 왜 그랬을까. 왜, 왜, 왜, 쓸데없이 여행을 다녀와서 부상을 입었을까.

돌이켜보면 어리석기 짝이 없다. 애초에 전제 자체가 잘못되었다. 여행을 후회할 것이 아니라 돌아온 후의 강행군을 반성해야 한다. 적어도 돌아온 날 만큼은 쉬었어야 한다. 하지만 나는 어땠는가. 휴식은커녕 장거리 운전에 더해 운동까지 무리하게 병행했다. 부러진 갈비뼈가 붙을 때까지 강제로 운동을 쉬면서 그간의 생활을 돌아보게 되었고, 뒤늦게 그날의 부상은 필연이었다는 걸 깨달았다. 매일같이 노력하고 발전해야 한다는 강박에 사로잡혀 정작 중요한 것을 등한시했던 내 모습. 운동을 못 갈까 봐 전전긍긍하느라 여행도 제대로 즐기지 못하고, 모처럼 친구와 보내는 소중한 시간도 그대로 날려 버리고 말았다. 그 전부터도 마찬가지였다. 하루도 마음 편히 쉬지 못하고 매일 극기 훈련하듯 사는 것이 어디 제대로 된 삶인가.

어쩌면 나는 지금껏 노력에 대해 잘못 생각하고 있었는지도 모른다. 안 되면 될 때까지, 무조건 최선을 다하면 되는 줄 알았다. 하지만 자기 자신의 한계를 거스르는, 몸과 마음의 경고를 무시하는 노력은 오히려 독이 된다는 것을 그때 배웠다. 지나친 노력은 욕심이나 강박의 다른 말이었고, 그것이 때로는 스스로를 해칠 수 있었다.

인생은 단판 승부가 아니니까

2022년 월드컵에서 우리나라 국가대표 팀이 극적으로 16강에 진출하면서 전 국민의 가슴에 새긴, "중요한 건 꺾이지 않는 마음"이라는 말이 있다. 불가능해 보여도 포기하지 않고 노력하면 끝내 이룰 수 있다는 참으로 멋진 구호다. 처음 폴댄스를 배우던 무렵의 나 역시 '중요한 건 꺾이지 않는 마음'이라고 생각했다. 되든 안 되든 끝까지 노력하는 데 의미가 있다고 여겼다. 하지만 다시금 돌이켜보건대 당시의 나는 세상을 이분법으로만 바라보고 있었다. 머릿속에는 '도전' 혹은 '포기'라는 두 가지 선택지만 존재했다. 안 되면 될 때까지 해야 하고, 그렇게 하지 않으면 나약하다고 생각했다.

세상은 포기하는 것을 좋게 바라보지 않는다. 많은 이들이 "꺾이지 않는 마음"에 열광했던 이유도 그 때문일 것이다. 나도 마찬가지였다. 부정적이고 의지가 약한 사람만이 포기한다고 생각했다. 중도에 그만두는 사람을 나약하다며 내심 경멸했고, 그런 만큼 몸이 한계에 맞닥뜨릴 때까지 스스로를 몰아붙였다. 나약한 내 모습을 마주하기 싫었으니까. 그 결과가 결국 부상으로 나타났다. '꺾이는' 고통을 피하고자 지나치게 애쓴 것이 궁극적으로는 더 나쁜 결과로 이어졌다.

이전에는 나의 의지가 뛰어나서, 내가 강한 사람이라서 포기하지 않고 버틴다고 생각했다. 하지만 아니었다. 실패를 좋아하는 사람은 이 세상에 없다. 포기하면서 기뻐하는 사람도 없다. 완주하지 못하는 당사자는 그 누구보다 씁쓸하고 괴로울 수밖에 없다. 그럼에도 때로는 자기 자신을 위하여, 몸과 마음의 건강을 위하여, 불편하고 괴로운 심정으로 멈추거나 돌아서야 할 때도 있는 법이다. 그러면서 생각하게 되었다. 어쩌면 진정으로 중요한 건 '꺾이지 않는 마음'이 아니라 '꺾여도 되는 마음'이 아닐까 하고.

'마음을 꺾었다'는 사실에 너무 자책하거나 괴로워할 필요도 없다. 인생도 폴도 게임과 다르고, 꺾인다고 그것으로 끝나지 않는다. 다음에 다시 하면 되는 것이다. 이건 말하자면 '꺾여도 다시 일어서는 마음'이랄까. 인생도, 운동도 단판 승부가 아닌 길고 오래 바라보아야 하는 여정이다. 그러니 때로는 꺾이고, 그러다가 다시 일어서고, 결정적인 순간에는 버티고, 도저히 안 되겠으면 한 번 더 꺾이고, 그러다가 다시 일어서고… 그렇게 계속 나아가면 되는 것이다. 어쨌거나 계속해나가는 그 자체가 중요하다는 것을, 뼈가 부러지고 나서야 비로소 알게 되었다.

부상을 당한 뒤로 생긴 변화 중 하나는 몸 상태에 굉장히 예민해졌다는 것이다. 이전에 비해 '아, 이건 무리다' '조금만 더 하면 가능하겠다' '지금으로서는 불가능하다'와 같은 정교한 판단이 가능해졌다. 스스로의 의지와 노력도 과거에 비해 비교적 조절할 수 있게 되었다. 물론 여전히 살되지 않으면 속상하고, 약이 오르고, 답답할 때도 있다. 그럼에도 예전만큼 기술의 성공 여부에 집착하진 않는다.

며칠 전에는 영상을 찍다가 말고 주섬주섬 짐을 챙기는 나를 보고 한 회원이 물었다. 그날 배운 기술을 아직 성공하지 못했음에도 학원을 떠나는 데 대한 의아함이 담긴 질문이었다.

"어머나. 승혜 님, 오늘은 그냥 가요?"

"네, 아무래도 더 못할 것 같아서요."

"그래도 마지막으로 한 번만 더 해보지. 거의 다 된 것 같은데."

당사자인 나보다 더 안타까워하는 그에게 대답했다. "하하, 아니에요. 이런 날도 있는 거죠, 뭐." 말해놓고서도 스스로 조금 놀랐다. "이런 날도 있는 거죠"라고? 심지어 웃기까지. 늘 마지막의 마지막까지 남아 연습하던 과거의 나와 비교하면 그야말로 놀라운 변화다.

이제는 안다. 나를 다그치는 것도, 용서하는 것도, 기쁘게 하는 것도, 괴롭히는 것도 모두 나 자신이다. 중간에 멈춘다고 나약한 것이 아니라는 걸, 설령 나약하다고 한들 그것이 가치 없지 않다는 걸 이제는 안다. 물론 안다고 늘 마음먹은 대로 잘되지는 않지만.

잘하는 것은 더 잘하도록, 못하는 것은 잘할 때까지

학원을 옮겼다. 걸음마부터 함께했던 친숙한 공간을 두고 아는 이 하나 없는 낯선 곳으로 간다니 내심 망설여졌지만 과감하게 용기를 냈다. 기존 학원의 강사들이 대거 그만두기도 했고, 다른 곳의 분위기와 프로그램도 한번 경험해보고 싶었기 때문이다. 그러다 약 한 달 반 만에 잔여 수강권을 소진하러 이전 학원에 갔는데, 안면 있는 한 강사가 수업이 시작되자마자 눈이 동그래져서는 말을 건네왔다.

"승혜 님! 그동안 무슨 일이 있었던 거예요? 디테일이 엄청 깔끔해졌어요!"

강사가 말한 디테일이란 연결 동작이 얼마나 매끄럽고 부드러운지를 의미한다. 김연아 선수의 스케이팅이 대단한 이유는 어려운 점프를 안정적으로 성공해서이기도 하지만, 점프 앞뒤의 매끄러운 연결을 포함하여 프로그램이 전반적으로 조화롭고 아름답기 때문이다. 은반 위에서 음악 고유의 선율을 생생하게 살려낸 우아한 스케이팅을 보고 있노라면 스포츠가 일종의 예술임을 새삼스레 깨닫게 된다.

폴댄스 또한 마찬가지다. 단순히 어려운 기술을 구사하는 것만으로는 폴을 잘 탄다고 말하기 어렵다. 연결 동작은 물 흐르듯 자연스러워야 하며, 움직임은 음악과 조화를 이루어야 한다. 이를 위해서는 폴을 탈 때의 시선 처리나 손끝과 발끝 같은 디테일한 부분까지 신경 써야 한다. 폴 수업에서는 기술의 성공 여부만큼이나 디테일을 강조하는데, 생각해보면 당연하다. 이름부터가 폴'댄스'니 말이다. 폴 위에서는 아름답고 유려하게 움직여야 한다. 마치 춤을 추는 것처럼.

내 폴링의 최대 약점이 이 디테일이었다. 어느덧 초급 딱지를 떼고 중급 기술까지 무리 없이 구사할 수 있게 되었으나 그게 끝이었다. 고난이도 기술을 성공해봤자 폴을 처음 배우던 때처럼 부족하고 어정쩡하게 보였달까. 이런 내게 강사를 비롯하여 다른 회원들은 디테일 때문이라고, 디테일만 조금 더 신경 쓰면 동작이 예뻐 보일 것 같다는 말로 아쉬움을 표하곤 했다.

    이에 대해선 나름대로 할 말이 있다. 가장 큰 문제는 역시나 땀이다. 앞서 언급했듯이 내 손과 발에서는 끊임없이 땀이 샘솟았으니까. 손바닥이 아직 뽀송할 때 빨리빨리 정해진 동작을 다 끝내야만 하니 늘 마음이 조급해지곤 했다. 자연히 동작과 동작 사이의 연결이나 마무리는 늘 우당탕탕.

    그러던 찰나 생전 들어보지 못했던, 나와는 인연이 없나고 생각했던 디테일에 관한 칭찬을 처음으로 들은 것이다. 부끄러워서 아니라고 손사래를 치긴 했지만 속마음은 날아갈 듯 기뻤다. 실은 최근 들어 움직임이 좀 더 매끄러워진 것 같다고 생각하고 있던 터였다. 혼자만의 착각이 아니라 객관적으로 실력이 상승했음을 인정받은 것만 같았다. 이제야 비로소 '버둥거림'이 아닌 '폴댄스'에 한 걸음 가까워진 느낌이었다.

    강사는 웃으며 그동안 특훈이라도 하고 왔느냐고 물었

지만 딱히 그런 건 아니었다. 절대적인 운동량은 오히려 이전 학원에 다닐 때가 훨씬 많았기 때문이다. 특히 전문가반을 수강하던 시기에는 일주일 연속은 기본이요, 언젠가는 무려 11일 연속으로 수강할 만큼 나의 출석율은 어마어마한 수준이었다. 반면에 학원을 옮긴 다음부터는 기껏해야 일주일에 두 번 가는 게 고작이었고.

운동 빈도가 줄었는데 실력이 퇴화하기는커녕 오히려 늘었다니. 이게 어찌 된 일이람? 이뿐 아니었다. 완콤(수업 시간에 배운 메인 기술과 앞뒤 연결 동작까지 한 번에 성공하는 것)을 하는 날이 드물던 이전 학원에서와 다르게 새로운 학원에서는 열 번 중 아홉 번은 성공했다. 사실상 수업의 전반적인 난이도나 콤보의 수준, 운동 강도는 새로 옮긴 학원이 훨씬 높았기에 더 놀라웠다.

두 달 만에 실력이 급상승한 비결

대체 무엇이 이런 차이를 만들어낸 것인가. 갑자기 땀에 강한 체질로 바뀐 거라면 좋았겠지만 안타깝게도 축축한 손발은 새로운 학원에서도 여전했다. 낯선 공간에서 낯선 강사와 낯선 회원들에게 둘러싸여 있다 보니 더하면 더했지 결코 손발이 마르는 일은 없었다. 그렇다면 혹시 같이 수업을 듣는 회원들의 차이는 아닐까? 새로 옮긴 학원은 역사가 오래된 만큼 기존 학원 대비 노련한 회원들의 비중이 높았는데, 그들 사이에서 나도 모르는 새 긍정적인 영향을 받았는지도 모른다. 하지만 그러기엔 수강 기간이 너무 짧았다.

아무리 되짚어봐도 결정적 차이는 두 학원의 시간표 구성밖에 없다는 생각이 들었다. 이전 학원의 경우에는 수업을 마치면 추가 연습 시간 없이 끝나는 시스템이었다. 수업 시간 50분에 20분간 몸을 풀고 30분간 기술을 배우고 나면 여유 시간이라곤 다음 수업이 시작되기 전까지 고작 10여 분. 이 시간 동안 여러 명의 회원이 돌아가며 영상을 찍어야 했고, 시간에 쫓기다 보니 한 사람당 그날 배운 기술을 1~2회 정도 반복하는 것이 다였다.

반면 새로 옮긴 학원에서는 매 수업이 끝난 후 '오픈폴'이라는 연습 시간이 한 시간씩 주어졌기에 집에 돌아가기 전까지 그날 배운 기술을 충분히 연습할 수 있었다. 나 역시 지난 한 달 동안 수업이 끝난 뒤 그날 배운 진도를 최소 대여섯 번씩, 경우에 따라서는 열 번 이상 영상으로 남기곤 했다. 어쩌면 이것이야말로 늘 지지부진하던 내 폴링이 불과 두 달 만에 남들 눈에도 보일 만큼 부쩍 좋아진 비결일지 모른다.

생각난 김에 지난 두 달간 찍어둔 영상을 살펴보았다. 휴대전화 사진첩 속 잔뜩 쌓인 영상을 확인할 때마다 점점 더 분명해졌다. 장소를 하나 옮겼다고, 가르치는 강사가 바뀌었다고 타고난 바탕이 갑자기 달라질 리 없다. 무수히 많은 영상에 헤매고 실수하고 버벅거리는 내 모습이 여지없이 남아 있었다.

하지만 분명한 건 최근 영상일수록 움직임이 조금씩 좋아지고 있었다는 것. 수업 시간에 잘되지 않았던 동작이라도 여러 번 반복하다 보면 조금씩 나아지곤 했다. 절대 못할 것 같았던 콤보 또한 오픈폴 시간에 한 번, 두 번, 거듭해 연습하는 동안 할 수 있는 구간이 조금씩 늘어났다. 그러다 보면 완벽하지는 않더라도 어느 순간 완콤에 다다르곤 했다. 자연히 뿌듯함과 성취감을 느끼며 집에 가는 날이 많아졌다.

아주 작은 반복의 힘

이전까지 나는 무조건 '양'이 많으면 좋다고 생각했다. 전문가반 수강 시기에 취미반 수업도 욕심내서 같이 들었던 것, 하루에도 여러 수업을 연달아 수강했던 것, 가능한 쉬지 않고 거의 매일같이 운동했던 것이 모두 같은 맥락이었다. 운동을 더 많이 할수록, 수업을 더 많이 들을수록, 기술을 더 많이 배울수록 보다 폴을 잘 타게 되리라 생각했다. 주변에서 매일 타면 힘들지 않냐고 물어올 때마다 새로운 기술을 배우는 게 좋아서 괜찮다고 답했지만, 그렇게라도 부족한 실력을 메워보겠다는 심산도 있었다. 매일같이 온갖 기술을 섭렵하다 보면 언젠가 내 주특기도 생길지 모르니까. 그러면 못하는 기술은 그냥 넘겨버릴 수 있으니까.

학창 시절에도 그랬다. 남들은 웃을지 모르겠지만 고등학생 시절 내 취미 생활 중 하나는 문제집 구매였다. 공부를 즐겼고 꽤나 열심히 했던 나는 주말이면 집 근처 서점에 방문하여 과목별로 새 문제집을 잔뜩 사오곤 했다. 혹여라도 문제집을 사기만 하고 풀지는 않아 돈만 낭비한 것이 아닌가 하는 걱정일랑 접어두시길. 사 오는 족족 풀어댔고 다 푼 문제집이 한 달이 멀다 하고 책상 위에 가득 쌓였으니까. 하루에 두 권을 통으로 풀어내는 날도 있었다. 그야말로 모든 부모가 바라 마지않는 바람직한 수험생의 표본이었다.

문제는 그렇게 잔뜩 풀어댄 문제집이 직접적인 성적 상승으로 이어지진 않았다는 사실이다. 아무리 많은 문제집을 풀어도 점수는 늘 비슷했다. 특히 가장 약한 과목이었던 수학 실력은 몇십 권의 문제집을 풀기 전후의 차이가 거의 없었다.

당시 한 선생이 이런 내게 조언을 주었다. 많이 푸는 것도 좋지만 한 권을 여러 번 반복하는 게 더 효과적이라고, 반복이 지겹고 지루하고 새로운 문제집을 계속 쌓아나가는 것만큼 성취감을 주지 않겠지만 실제로는 훨씬 더 도움이 된다고 말이다. 물론 그때는 그 말을 귓등으로도 듣지 않았다. 틀린 문제를 복습하는 것보다 새로운 문제를 푸는 게 더 재미있었다. 책상 위에 잔뜩 쌓인 문제집 더미를 보면 짜릿했다. 문제집을 사기만 해놓고 정작 풀지는 않는 다른 아이들과 나를 비교하며 내심 우월감을 느끼기도 했다. 하지만 몇십 년이 지나, 수험생은커녕 학부모의 나이가 된 지금에서야 비로소 그 말을 실감한다. 아주 뒤늦게, 폴을 타면서.

그렇게 열심히 했는데도 내 수학 점수가 오르지 않았던 이유는 분명하다. 계속해서 새로운 문제집을 풀어대는 것은 다양한 유형을 익히는 데 도움이 될지 모르나 정작 취약한 부분을 보강하는 데는 큰 도움이 되지 않는다. 잘하는 것은 즐기지만 못하는 것은 피하고 싶어 하는 나는 그때도 틀린 문제는 한 번씩 훑어보기만 하고 대충 넘어가곤 했다. 결국 잘하는 건 계속 잘했고, 틀리는 문제는 늘 다시 틀렸다.

폴 역시 크게 다르지 않았다. 양보다 더 중요한 것은 질. 많은 기술을 다양하게 접하는 것도 필요하지만, 그보다 더 중요한 것은 한 가지 기술을 완벽하게, 깊이 있게, 제대로 숙지하는 것이었다. 잘하는 것은 더 잘하도록, 못하는 것은 잘함 때까지. 그러려면 여러 번 반복해서 훈련해야 한다. 하지만 이전까지의 나는 어땠던가. 연습 시간이 부족하다는 핑계로 늘 새로운 기술을 배우기 바빴다. 자연히 나의 폴링도 늘 제자리. 그런데 새로운 학원에서는 수업이 끝난 뒤 주어지는 개인 연습 시간에 같은 기술을 반복해서 연습할 수 있었고, 이는 곧 실력 향상으로 이어졌다.

물론 고질병인 손발의 땀은 여전하다. 연습을 반복한

다고 갑자기 샘솟던 땀이 안 날 리가 있을까. 그럼에도 땀의 양은 줄었다. 아마도 연습할수록 몸에 익고, 안 되던 동작을 성공하고, 그러면서 몸과 마음이 조금 편안해지고, 긴장도 덜하게 되면서 손에 땀도 줄어든 듯하다. 결국 땀을 이기게 만든 것은 약품도, 수술도, 체질 개선도 아닌 반복된 연습, 오로지 그것 하나였다.

남에게 예쁜 몸 말고, 나에게 맞는 몸

 페이스북에는 '과거의 오늘'란이 있다. 이전 해 동일한 날짜에 올렸던 기록을 갈무리해 보여주는 기능이다. 며칠 전 과거의 오늘을 확인하다가 그만 헛웃음이 나왔다. 뱃살 빼기, 허리둘레 줄이기, 허벅지 가늘게 만들기 같은 각종 운동 루틴부터 식단과 체질 개선 등 온갖 다이어트 관련 정보들이 거기에 있었다. 인터넷 서핑을 하다가 조금이라도 유용하다 싶으면 죄다 비공개로 스크랩해둔 것들이었다. 스크랩했다는 사실 자체를 잊었을 만큼 실행으로 이어지지 않았다는 것이 함정이지만. 잊고 있던 과거의 흔적을 보니 당시 내 모습이 떠올랐다.

다른 많은 사람들처럼 다이어트는 내 인생의 화두 중 하나였다. 거울 앞에 서서 한참 동안 신체 곳곳을 하나하나 뜯어보고 있노라면 이래저래 불만족스러운 부분이 생겨났다. 허리가 더 잘록하고 종아리는 알 하나 없이 매끈했으면. 허벅지 사이는 더 벌어졌으면. 팔뚝은 더 가늘었으면. 엉덩이가 더 작고, 배는 더 납작하고, 쇄골은 물을 떨어뜨리면 고일 정도로 파여서 더 돋보였으면.

한마디로 깡마르기를 원했다. 길쭉길쭉한 팔다리에 헐렁한 옷을 걸친 모델을 보면 부럽고 멋지다고 생각했고, 양손으로 감싸 쥘 수 있을 만치 가느다란 허리와 툭 치면 부러질 듯한 아이돌들의 다리가 선망의 대상이었다. 20대 초반에는 살을 빼기 위해 나흘쯤 내리 굶은 적도 있다. 표준 체중에 조금 못 미치는 몸무게였음에도 이 욕망은 끝이 없었다. 더 가늘고 늘씬한 몸을 위해 절식했고, 밤마다 모델 이소라나 신디 크로포드가 등장하는 다이어트 비디오를 보며 체조를 따라 했다.

고백하자면 체중이나 다이어트, 몸과 아름다움 등에 관한 강박에서 아직까지도 온전히 벗어난 것은 아니다. 여성의 몸을 둘러싼 사회적 압박, 미의 기준과 관련하여 여러 담론이 오간다는 사실을 알고 있으나 평생에 걸쳐 몸과 마음에 깊숙이 새겨진 '감시자의 눈'은 쉽사리 사라지지 않는 모양이다. 다이어트, 화장, 헤어스타일, '여성스럽다'고 여기는 복장 등 각종 꾸밈 노동에 저항하는 탈코르셋 운동에 심정적으로 동의하면서도 여태껏 적극적으로 동참하지 못했던 이유도 마찬가지다.

폴댄스와 다이어트의 상관관계

애초에 폴댄스를 운동으로 삼은 주요 동기부터 '예뻐지고 싶다'는 욕망에서 멀지 않다. 마감 때문에 생겨난 도피성 우울증은 자꾸만 잠을 불러왔고, 자연스레 온종일 누워 있는 시간이 늘어났다. 먹고 눕는 생활을 반복하다 보면 당연하게도 살이 찐다. 어느 순간부터 아침마다 마주하는 거울 속 모습이 달라지기 시작했다. 턱선은 둔탁해지고 몸의 라인 또한 점차 둥글어지고 있었다. 혹시나 하는 마음에 체중계 위에 올라섰더니 아니나 다를까. 무려 2킬로그램이나 몸무게가 늘어난 것 아닌가. 여전히 표준 체중에는 못 미쳤으나 깡마른 몸을 지향하는 미적 기준에 위기감을 불러일으키기엔 충분했다.

비상사태였다. 이대로 방치하다간 가뜩이나 바닥을 치고 있는 멘탈이 지하까지 뚫고 들어갈지도 모른다고 생각하니 정신이 번쩍 들었다. 가정용 아령을 구매하여 혼자 홈트레이닝도 해보고, 유튜브에 나오는 '뱃살 빼는 운동' 같은 것들도 따라 하고, 아파트 헬스장에서 운동하는 등 나름의 대처를 시작했다. 페이스북 과거의 오늘에 떠오른 게시물들 역시 이의 일환이었다.

그렇지만 자유의지만으로 무언가를 지속하기는 정말 어렵다. 마음을 좀 먹었다고 몇 달 가까이 몸에 익은 생활 패턴이 쉽게 바뀔 리 없었다. 호기롭게 산 아령과 요가매트가 창고로 들어가 먼지가 쌓이기까지는 그리 오랜 시간이 걸리지 않았고, 거울 속 내 모습 또한 먹고 눕는 생활을 하던 때에서 크게 달라지지 않았다. 마침내 폴댄스를 배우기로 한 건 강제성을 부여하기 위한 궁여지책 중 하나였다. 이번에야말로 규칙적으로 운동해보자고, 불어난 체중을 복구하고 전보다 2킬로그램쯤 더 빼면 오래전부터 내가 바라 마지않던 몸이 될 거라는 생각으로 집 근처 폴댄스 학원의 문을 두드렸다.

그렇게 폴댄스를 시작한 지 어느덧 5년. 그간 내 몸과 마음 안팎으로 많은 변화가 생겼다. 하지만 운동을 시작한 주요한 동기 중 하나, 다이어트 측면에서 효과가 있었나 생각하면 조금 애매하다. 운동 전 꿈꾸었던 몸과 현재 내 몸의 상태는 사뭇 다르기 때문이다. 지금은 체중이 오히려 조금 늘어버렸다. 사람들이 폴을 타면 살이 빠지냐고 물을 때마다 시원스레 답하지 못하는 이유다.

폴댄스 첫 수업을 마친 다음 날은 온몸이 두들겨 맞은 것처럼 뻐근하고 쑤셨지만 마음만은 보람찼다. 스스로가 자랑스러웠고, 힘들었던 만큼 살도 빠진 기분이었다. 하지만 그 즐거운 감정은 그리 오래가지 않았다. 막상 체중계 위에 오르자 '살 빠진 기분'이 무색하게도 오히려 무게가 몇백 그램 늘어나 있었으니까.

그때 받은 충격이란 차마 말로 다할 수 없다. 그럴 수도 있지. 아니, 그럴 수가 있나? 그 전에야 먹기만 하고 움직이지는 않았으니 살찔 만했다. 하지만 어제는 나름 엄청 힘들게 운동하고 왔는데, 윗몸 일으키기도 플랭크도 스쾃도 레그레이즈도 했는데, 땀도 났는데 대체 왜 체중이 늘어난 거냐고! 두 눈을 깜빡이며 체중계에 올랐다가 내려오길 몇 번이나 반복했는지 모른다.

도무지 이해할 수 없었지만 그날은 일시적인 오류(?)라 생각하고 마음을 다독였다. 하지만 세 번째, 네 번째, 다섯 번째 수업이 지나도록, 폴댄스 운동을 시작한 지 2주가량 시간이 흘렀음에도 체중은 변함없었다.

흔히 체중보다 체성분이 중요하다고 이야기한다. 숫자에 집착하지 말라는 당부도 한다. 요즘처럼 다이어트 관련 정보가 넘쳐나는 시대에 이에 대해 모르는 사람은 거의 없을 듯하다. 당시의 나 역시 마찬가지였지만 머리로는 이해해도 진정으로 실감하지는 못했다. 체중에 일희일비하던 것도 바로 그 때문이다. 증감 100그램에도 울고 웃던, 다이어트에 몰두하던 입장에서는 더할 나위 없이 억울하고 초조한 상황이었다. 폴댄스의 신이 존재한다면 당신 대체 정체가 뭐냐고 멱살을 잡고 따져 묻고 싶은 심정이었다. 결국은 신경질이 나서 점차 체중 자체를 재지 않게 되었다. 폴댄스에 재미를 느끼지 못했다면 진작 그만두었을 것이다. 바닥으로 가라앉은 정신을 건져 올리는 것 역시 다이어트만큼이나 시급한 과제였기에 그나마 몸무게에 대한 집착을 덜 수 있었다.

근육이 탄탄한 사람이 되고 싶어서

●

그로부터 두어 달이 지났을 무렵, 옷장을 정리하다가 발견한 오래 방치해둔 청바지를 입어봤을 때였다. 분명 타이트했던 옷이 웬일인지 헐겁게 느껴졌다. 그러고 보니 그즈음 가족들로부터도 살이 빠진 것 같다는 이야기를 들었던 게 떠올랐고, 오랜만에 거울 속 몸을 찬찬히 뜯어보았다. 몸이 전반적으로 슬림해지고 전보다 탄탄해져 있었다. 어라, 그렇다면 혹시? 기대를 안고 봉인해두었던 체중계를 꺼내 재보았더니 놀랍게도 어느 틈에 평상시의 몸무게로 돌아가 있었다. 심지어 거울 속 몸은 이전보다도 훨씬 더 날렵해 보이기까지 했다.

거울 속의 달라진 몸을 찬찬히 뜯어보던 그날에 이르러서야 비로소 실감할 수 있었다. 변화는 시간차를 두고 일어난다는 것을, 숫자에 연연할 필요가 없다는 것을. 불과 두 달, 일주일에 두 차례 운동했을 뿐이지만 몸은 서서히 변해가고 있었다.

그때부터였던 듯하다. 하루하루 조금씩 더 탄탄해지는 몸을 눈으로 보고 몸소 느끼면서 단단한 근육을 만드는 데 조금 더 신경을 쓰기 시작한 것이. 그전까지는 체중이 늘까 두려워 음식을 먹기 전에 망설이곤 했다. 하지만 근육 증강에 신경을 쓰게 된 이상 이제 그럴 수는 없었다. 먹지 않으면 힘을 쓸 수 없고 힘이 없으면 운동을 제대로 하기 어려울 테니까. 규칙적으로 식사하면서 동시에 근육 생성에 좋은 단백질과 힘을 내는 데 필요한 탄수화물, 몸을 탄력 있고 튼튼하게 만드는 지방을 고루 섭취했다. 균형 잡힌 식단에 근력 운동을 병행하니 몸에 조금씩 더 근육이 붙었고, 그토록 바라던 식스팩과 등근육 또한 자연스레 생겨났다.

그렇게 5년여의 시간이 흐른 지금 나의 몸은 가녀림과 매우 거리가 멀다. 근력 운동으로 단련된 두 팔은 누가 보아도 무척 튼튼해 보이며, 허벅지 또한 다리 사이에 틈이 생겨 벌어지긴커녕 더욱 굵어졌다. 그간 꾸준히 운동한 덕에 군살은 사라졌지만 그 이상으로 근육이 생겨났고, 어깨와 팔처럼 힘을 많이 주는 부위는 이전에 비해 오히려 커졌다. 얼마 전 오랜만에 만난 지인은 나를 보고 왜 이렇게 튼튼해졌냐고 깜짝 놀라기도 했다.

재미있는 건 이러한 변화가 전혀 싫지 않다는 점이다. 지금은 오히려 좀 더 근육질 몸이 되고 싶다. 그런 생활이 지속되다 보니 결과적으로는 미적 기준과 다이어트에 대한 관념까지 완전히 달라졌다. 깡마르고 앙상한 몸보다는 건강하고 탄탄해 보이는 근육질 몸을 더 아름답다고 느끼게 되었다. 물론 여전히 '아름다움'을 추구한다는 점에서, 체형과 몸에 대한 집착을 완전히 내려놓지는 못했다는 점에서 한계는 존재한다. 글 첫머리에 여전히 몸에 대한 강박이 남아 있다고 고백한 이유다.

그럼에도 이러한 변화가 긍정적이라고 느끼는 이유는, 이전에 비해 몸에 대한 시선이 훨씬 너그러워졌기 때문이다. 타인의 시선에 연연하기보다 나의 필요(운동에 필요한 근육 키우기)에 따라 미를 추구하는 방향으로 바뀌었다. 그토록 오랜 기간 고정되었던 미의 기준이, 페미니즘 공부와 탈코르셋 운동으로도 흔들리지 않았던 깡마른 몸을 추구하던 마음이 폴을 다면서 자연스레 변화했다.

누군가 '폴을 타면 살이 빠지냐'고 묻는다면 아직끼지도 '모르겠다'고 답할 듯하다. 다이어트의 목적이 신체 사이즈를 줄이고 체중을 감소시키는 것이라면 나는 폴을 타기 전보다 오히려 체구가 커졌으니까. 체중도 1킬로그램 가량 늘었다. 그렇지만 한 가지 분명한 점은 폴을 타는 동안 나는 이전보다 건강하고 튼튼해졌고, 그런 내 몸과 마음이 썩 마음에 든다는 사실이다. 엊그제는 운동을 하고 돌아온 나를 본 남편이 "왜 이렇게 우람하냐"며 놀렸다. 예전의 나였다면 살짝 발끈하면서 화를 냈을지 모른다. 하지만 그날은 오히려 자랑스러웠다.

음악이 흐르는 한 춤은 계속되어야 한다

제97회 아카데미 시상식 5관왕에 빛나는 영화 〈아노라〉는 뉴욕의 스트리퍼인 애니가 러시아 재벌 2세 손님인 이반과 충동적으로 결혼식을 올린 뒤에 겪는 좌충우돌 해프닝을 다룬다. 주인공의 직업 특성상 수위 높은 노출을 포함하여 선정적인 장면이 영화에 많이 등장하는데, 애니가 클럽에서 추는 폴댄스 또한 그중 하나다. 뭐든 아는 만큼 보인다고, 두 다리 사이에 봉을 두고 이어나가는 애니의 현란한 동작을 바라보면서 내 눈과 입 또한 덩달아 커졌다.

'와, 정말 힘들겠다…. 연습을 대체 얼마나 한 거야?'

영화 속에서 애니가 추던 춤은 '이그조틱'이다. 이그조틱이란 폴댄스의 한 장르로, 폴을 활용하여 추는 여성적인 춤을 뜻한다. '여성적인'에 대한 정의는 사람마다 다르겠으나, 이그조틱의 경우 여성의 신체가 지닌 고유의 특징, 이를테면 몸의 굴곡이나 가슴, 다리, 엉덩이 등을 부각시키는 동작으로 이루어진다. 일종의 '섹시 댄스'랄까?

나 역시 다른 많은 이들처럼 이그조틱에 대한 일종의 편견이 있었다. '야하고' '선정적이며' '퇴폐적인' '이성을 유혹하기 위한' 춤. 그래서 무려 5년간 폴댄스를 배우면서도 차마 이그조틱에는 도전하지 못했다. 수강생들의 화려한 영상을 보며 간간이 호기심이 들었지만 엄두가 나지 않았다. 동작도 동작이거니와 카메라를 응시하면서 뇌쇄적이고 유혹적인 표정을 지어야 하는데, 상상만 해도 민망하고 부끄러웠기 때문이다. 한마디로 '항마력'이 딸렸다.

어느 날, 아예 시도조차 하지 않겠다는 단호한 결심을 흔드는 일이 생겼다. 평소에 온몸이 뻣뻣하고 그중에서도 고관절이 유독 심하게 굳은 나는 고관절을 활용한 기술을 배울 때마다 몹시 헤매곤 했다. 그런데 평소였다면 나와 같은 이유로 울상을 짓고 있었을 B가 예상과 달리 너무도 매끄럽게 동작을 성공한 것이다. 어찌된 일이냐고 묻는 내게 B가 말했다. 갑자기 되는 통에 자기도 놀랐다고, 이그조틱 수업을 꾸준히 수강하다 보니 자신도 모르게 고관절과 골반이 유연해진 것 같다고.

주지승에게 공양미 300석 이야기를 들은 심봉사의 심정이 그와 같았을까? 안 되는 것도 되게 만든다는데 그깟 300석쯤이야. 뻣뻣하기 그지없는 내 저주받은 고관절에도 빛이 들지 모른다는 기대감에 이그조틱에 대한 그간의 심리적 장벽이 순식간에 허물어졌다. 부끄러움 따위 대수인가. 그때까지만 하더라도 이그조틱을 위해 필요한 준비물이란 오직 카메라를 응시할 줄 아는 뻔뻔함 정도라고 여기고 민망함과 창피함만 이겨내면 배우는 데 어렵지 않을 것이라 믿었다. 그 자리에서 바로 가까운 날짜의 이그조틱 수업을 예약했다.

무대는 내 사정을 봐주지 않는다

대망의 첫 수업 후, 내 생각이 얼마나 터무니없었는지 깨닫는 데는 그리 오랜 시간이 걸리지 않았다. 남사스러움은 둘째 치고 일단 제대로 따라 할 수 있는 게 없었다. 폴에 직접적으로 신체를 마찰시키는 스피닝이나 스태틱과 다르게 이그조틱에서 폴은 어디까지나 손잡이나 지지대 정도의 보조적인 수단일 뿐이다. 그만큼 몸을 훨씬 적극적으로, 온몸의 근육과 관절 하나하나를 정교하고도 부드럽게, 그야말로 춤을 추듯 움직여야 한다. 가슴과 허리, 배를 차례로 꿀렁꿀렁 움직이는 웨이브를 비롯하여 무릎의 방향을 사방으로 돌리는 박스까지, 온갖 화려한 동작 앞에서 문자 그대로 혼이 쏙 빠졌다.

체력 소모 또한 엄청났다. 이그조틱의 기본자세는 힐업(까치발)으로, 수업이 끝날 때까지 발뒤꿈치가 결코 바닥에 닿아서는 안 된다. 물론 힐업은 폴댄스의 기본자세지만, 대다수의 동작이 폴 위에서 이루어지는 스피닝이나 스태틱과 달리 이그조틱은 주로 바닥에 머문다. 이 말인즉 한 시간 내내 발뒤꿈치를 바짝 들고 서 있어야 한다는 뜻이다. 오직 열 개 발가락에만 체중을 싣고 끊임없이 움직이다 보니 금세 장딴지를 비롯하여 온몸에 단단하게 힘이 들어갔다. 킬힐을 신고 한참 걸었을 때와 같은 피로감이 느껴지면서 등줄기를 타고 땀이 흘러내렸다.

하지만 이 모든 것들은 어디까지나 부차적인 문제였

다. 진짜 복병은 따로 있었다. 그 주인공은 다름 아닌 박자. 스피닝이 '춤의 속성을 곁들인 운동'이라면 이그조틱은 '운동을 곁들인 춤'이었다. 음악의 분위기를 훨씬 디테일하게 살려야 하며, 정해진 박자에 맞춰 정해진 동작을 정해진 구간에서 매끄럽고 정확하게 구사해야만 한다. 마치 아이돌의 안무처럼. 필연적으로 동작을 완벽하게 숙지해야만 했는데, 바로 이 부분이 문제였다. 도무지 외워지지가 않았던 것이다.

물론 콤보를 외우는 건 늘 쉽지 않다. 폴을 타다가 순서를 까먹어서 버벅거린 적은 이전에도 잦았다. 하지만 스피닝의 콤보에서는 속도가 크게 상관없었다. 잠시 뜸을 들이며 머릿속으로 다음 동작을 떠올리거나 강사나 다른 회원들의 안내에 따라 커닝하는 식으로 도움을 받았다. 반면에 흘러가는 음악에 맞추어 쉬지 않고 정해진 동작을 해야만 하는 이그조틱에서는 그럴 틈이 없었다.

결국 내 차례가 되어 카메라 앞에 선 순간 머릿속이 백지처럼 하얘졌고, 그만 동작을 하다 말고 멈춰 섰다. "선생님, 잠시만요. 저 처음부터 다시 할게요." 그 순간, 늘 웃는 얼굴이었던 강사가 버럭 소리를 지르는 것이 아닌가. "안 돼요! 멈추지 말고 계속하세요!" 당황한 나머지 이후

어떻게 했는지 잘 기억나지 않는다. 결과적으로 수업을 마치고 탈의실로 돌아왔을 시점에는 잔뜩 의기소침해져 있었다. 체력적으로 녹초가 된 것에 더해 아무것도 하지 못하고 혼만 났다는 생각에 자괴감이 들었다. 그런 내게 같이 수업을 들었던 H가 다가와 말했다.

"언니, 고생 많았어. 정신이 하나도 없지? 처음 배우니 잘 안 되고 어려운 게 당연해. 선생님 말씀에 속상하겠지만 너무 신경 쓰지는 마. 사실 춤출 때 멈추면 안 되는 게 맞긴 해. 무대에서도 동작을 까먹었다고 그냥 서 있을 수는 없으니까."

대학생 시절 방송국 가요 프로그램에서 군무를 추는 아르바이트를 오래 했다던 H는, 그날이 나처럼 이그조틱 첫 수업이었음에도 능숙하게 동작을 해냈다. 아마도 그간의 경험치 덕이었을 것이다. 하긴, H의 말이 맞았다. 관객을 앞에 두고선 "잠깐만요! 저 틀렸는데 처음부터 다시 할게요"라거나 "뒤에 순서가 뭐였죠?"라고 물어볼 수 없는 노릇이니까.

물론 실수는 늘 일어나고, 순서를 잊는 일도 비일비재하다. 하지만 그럴 때조차도 음악이 흐르는 순간이라면 무엇이든 해야 했다. 흔히 이그조틱을 배우다 보면 프리스타일(정해진 순서 없이 마음 내키는 대로 동작을 이어가는 것)에 능숙해진다고들 하는데, 아마도 이런 이유 때문일 것이다. 그날 동작 순서 외울 시간을 좀 달라는 내게 강사 역시 말했다.

"이그조틱은 머리로 외우는 게 아니에요. 무조건 몸으로 익혀야 해요. 그러려면 외웠든 안 외웠든 계속 춰봐야 돼요."

조금 부족해도 끝까지 마무리하는 마음

몇 년 전 새로운 책을 쓰기 시작하면서부터 깊고 깊은 슬럼프가 시작되었다. 책상 앞에 앉을 수 있는 날이 거의 없었다. 글을 쓰는 동안 크고 작은 고비를 넘겨왔지만 이토록 길게, 심하게 앓은 적은 없었다. 오래도록 쓰고 싶었던, 잘 쓸 수 있으리라고 생각했던 주제였기에 의아함은 더했다.

어쩌면 잘 쓰리라는 기대와 잘 써야 한다는 압박감이 문제였는지도 모른다. 쓰는 글마다 마음에 들지 않았다. 글을 엎고 또 엎고, 주제와 문체와 관점과 방향을 수없이 갈아엎길 여러 번. 작업물이 원고지 20매 남짓을 넘어서지 못했다. 결국에는 쓰다가 만 원고만 잔뜩 쌓였다. 완성된 원고가 없으니 퇴고도 할 수 없었다. 결과적으로 3년간 책은 전혀 진척이 없었다. 시간이 흐를수록 자괴감과 실망감이 커졌고, 마침내 스스로를 부정하는 수준에 이르렀다.

흔히 뭐든 많이 해볼수록 경험치가 상승하고 실력이 는다고 말한다. 어느 정도 사실이다. 잘 못하는 것도, 서툰 것도, 뾰족한 재능이 없어 보이는 것도, 여러 번 반복 연습하면 개선의 여지가 생긴다. 단 '끝까지' 한다는 전제 아래. 요리도 그림도 운동도, 망했는지 아닌지 여부는 오직 결과물이 완성되어야만 알 수 있다. 설령 망했을지언정, '그다음'을 위해서는 하던 걸 일단 끝마쳐야만 한다. 글쓰기 역시 다를 바 없다. 처음부터 잘 쓰는 사람은 없고, 마음에 쏙 드는 초고 또한 존재하지 않는다. 모든 원고는 퇴고를 거쳐서, 수정에 수정을 거듭하여 봐줄 만한 상태로 거듭난다. 그러나 애초에 고칠 것이 없다면, 수정할 것이 없다면, 결과물 또한 없다.

그간 글쓰기 수업에서 수강생들에게 그토록 강조했던, 아이들의 일기를 봐줄 때마다 여러 번 당부했던, '끝마치기'를 정작 나 자신은 실천하지 못했다. 대체 무슨 말을 써야 할지 모르겠다는 아이들에게 할 말이 없을 때는 할 말이 없다는 말이라도 쓰라고, 왜 할 말이 없는지에 대해 생각해보라고 이야기했으면서, 정작 나 자신은 그러지 못하고 있었다. 완주의 경험이 성취의 기쁨을 가져다준다면, 중도에 포기하는 일은 패배감을 남긴다. 지난 몇 년간 그처럼 '쓰다 만 원고'가 잔뜩 쌓이는 사이에 나도 모르는 새 서서히 패배감에 젖어들었고, 글쓰기를 점점 더 두려워하게 되었으며, 결과적으로는 계속해서 도망쳤을지도 모른다는 생각이 뒤늦게 들었다.

쓰다가 엎어버린 무수히 많은 글들, 만약 개중 몇 편이라도 끝마쳤더라면 어땠을까? 마음에 안 차더라도, 형편없어 보이더라도, 너무 감상적으로 느껴지더라도, 내용이 중구난방이더라도, 그걸 감안하고 끝까지 써봤더라면 어땠을까?

용기가 나지 않아 도저히 재생할 수 없었던 이그조틱 수업 촬영 영상을 뒤늦게 돌려 보았다. 역시나, 눈 뜨고 봐주기 힘들 정도로 우스꽝스러웠다. 폴댄스를 5년이나 배운 사람이 맞나 싶을 정도로 갓 태어난 고라니마냥 허우적거리고 있었다. 창피하고 부끄러웠다. 엉성하게 움직이는 나도, 그토록 어려운 운동인 줄도 모르고 이그조틱이 '뻔뻔함' 혹은 '섹시함'으로 승부하는 단순한 장르인 줄 오해했던 나의 지난날도.

하지만 그조차 기록으로 남기지 않았다면, 잘하지 못한다는, 동작을 잊었다는, 실수했다는 핑계로 도중에 멈췄더라면 결과적으로 나의 현 상태를 마주하지도 못했을 것이고, 이를 바탕으로 나아지는 일도 없었을 것이다. 동작을 틀리건 순서를 잊건 멈추면 안 된다는, 뭐라도 하면서 계속 춤추어야 한다는, 머리가 아닌 몸으로 익히고 배워야 한다는 강사의 말을 그제야 이해할 수 있었다.

(TIP) 운동은커녕 생존 체력도 없다는 당신에게

Q. 운동하기 위해 운동할 체력을 키워야 하는데요?
A. 저 또한 초기에는 한 시간 폴댄스 수업에 다녀오면 녹초가 되어 몇 시간씩 낮잠을 자곤 했습니다. 이 상태는 하루, 이틀, 일주일, 한 달, 두 달 시간이 지나면서 자연스레 개선됩니다. 저 같은 경우, 이제는 한두 시간 운동 정도는 거뜬한 몸이 되었답니다. 지금은 하루에 2~3만 보를 걸어도 무리 없는 체력을 갖추게 되었어요.

Q. 전 회사에 종일 앉아 있는데요?
A. 직장에 다니며 운동하기가 쉽지 않죠. 한 시간 운동하려면 왕복 두 시간은 훌쩍 소요되니까요. 이런 경우 제가 쓰는 최소한의 운동 방법이 있습니다. 바로 엘리베이터를 이용하는 대신 계단을 오르는 것입니다. 계단 오르기는 별다른 비용이 들지 않는데다가 간편하고, 시간을 따로 내지 않아도 된다는 장점이 있습니다. 스쾃이나 플랭크도 들이는 시간에 비해 효과가 좋은 가성비 운동 중 하나입니다.

3부

단점에서
찾아낸

수많은
가능성들

전혀 힘들지 않은 것 같은 사람도,
고민이나 걱정거리 하나 없이
평온하고 행복해 보이는 사람도
마음속은 한 겹 한 겹 저며지고 있는지도
모를 일이다. 폴 위에서 평화롭고
우아하게 웃고 있는 폴러처럼.

폴웨어와 음란한 시선의 상관관계

"그거 '빤스'만 입고 하는 운동 아니에요?"

모임에서 처음 본 남성에게 폴댄스가 취미라고 밝히자 이런 질문을 받았다. 가까운 관계였어도 실례될 말을 어떻게 처음 만난 사이에 할 수 있는지 입이 떡 벌어졌다. 상대가 무용 전공자여서 더욱 놀랐다.

"네? '빤스'라니요. 폴웨어는 엄연히 폴댄스 전용 운동복이에요. 아까 발레 전공자라고 하지 않으셨어요? 발레 할 때 레오타드를 입어봐서 아실 텐데 그렇게 말씀하시면 안 되죠."

"아이고, 불쾌하셨나 봐요. 저도 매번 발레 할 때마다 레오타드를 입죠. 다 알아서 그런 말한 거예요. 이상한 뜻이 있던 게 아니라 그냥 궁금해서 여쭤본 건데 왜 화를 내고 그러세요, 무섭게. 하하하."

그는 호탕하게 웃었다. '별 뜻 없는' 발언에 나의 '과민한' 반응이 당황스럽다는 듯이. 속이 부글부글 끓어올랐지만 둘만 있는 자리가 아니었기에 그대로 대충 마무리할 수밖에 없었다. 괜히 쓸데없이 분란을 일으켜 좋을 것 없다는, 여성으로서 평생에 걸쳐 몸으로 익혀온 한국 사회생활 가이드가 발동했다. 어쩌면 그런 순간이 처음은 아니었기에 반쯤 체념하고 넘어갔던 것인지도 모르고.

'유교 걸'도 폴웨어 입을 수 있나요?

폴댄스는 신체와 폴의 마찰력을 이용하는 운동이다 보니 몸이 노출될 수밖에 없다. 바로 그러한 이유로 종종 이와 같은 무례한 상황에 놓이곤 한다. 한번은 또 다른 이로부터 "폴댄스? 그거 남자들의 관심 끌려고 하는 운동 아니야?"라는 말을 듣기도 했다. 너무 말이 안 되는 말을 들으면 아무런 대꾸를 할 수 없다던데, 바로 그때의 내가 그랬다. 그렇게 돌아간 날 밤은 답답함과 짜증으로 잠을 이루지 못했다.

'운 나쁘게 참으로 이상한 사람을 많이 만났구나' 싶을 수도 있겠지만 엄밀히 따지면 이들이 특이한 케이스라고 할 수는 없다. 실생활에서 접하기 어려웠을 뿐 얼굴을 맞대지 않고도 아무 말이나 쏟아낼 수 있는 인터넷 커뮤니티 등지에서 수시로 접하는 표현들이기도 하다.

폴댄스는 늘 다양한 편견과 오해에 시달려 왔다. 연애 예능에 출연한 한 비연예인 여성 출연자가 취미로 폴댄스를 배운다고 밝히자 수많은 악플이 쏟아졌다. 연예인이라 해도 크게 다르지 않았다. 평소의 행실을 알 만하다는 둥, 하고 많은 취미 중에 저런 헐벗고 하는 운동을 취미로 삼은 의도가 빤하다는 둥, 어릴 때 얼마나 놀았을지 훤히 그려진다는 둥 온갖 악의적인 말이 따라왔다. 그런 반응을 접할 때마다 억울하고 답답하지만 잘 모르고 한 말이라 여기며 마음을 달래곤 한다. 내가 어릴 때만 하더라도 폴댄스는 할리우드 영화 속 '스트립 클럽'에서 헐벗은 여성들이 추는 춤이라는 인식이 있었으니까.

이 때문에 한때 SNS에서는 '폴댄스 인식 개선 캠페인'이 유행하기도 했다. 폴댄스의 부정적인 이미지를 개선해보겠다며 많은 폴러들이 캠페인 해시태그와 함께 청바지와 티셔츠 같은 일상복을 입고 폴을 타는 영상을 올렸다. "폴댄스는 흔히 생각하는 것처럼 불순하지 않은, 건전한 운동이랍니다!"

사실 폴댄스는 폴이 중심인 운동이기에 폴만 있으면 무엇이든 입어도 된다. 의상은 어디까지나 보조적인 영역으로, 당연히 청바지나 티셔츠를 입은 채로도 폴을 탈 수 있다. 그렇지만 마찰력이 없기에 동작은 제한적이며 힘도 더 많이 필요하다. 결정적으로는 미끄러져 다칠 위험이 커진다.

따라서 외부의 시선을 의식해 억지로 노출을 감추고 '그런 운동 아니에요!'라고 설파하는 것은 아무래도 전제 자체가 틀렸다. 그보다는 노출이 필요한 이유를 보다 분명하게 밝히는 편이 맞지 않을까. 수영 할 때 수영복을 입는 것처럼, 발레 할 때 발레복을 입는 것처럼, 체조, 무용, 피겨 스케이팅을 하면서 전문 의상을 입는 것처럼.

물론 그 캠페인의 계기나 참여자들의 심정은 충분히 공감하고도 남는다. 성차별적인 발언에 관한 문제의식이

나 사회적 분위기가 비교적 개선된 요즘에도 여전히 부적절한 말이 버젓이 들려오는데, 2020년대 이전에는 오죽했을까. 아무렴 지금과는 비교도 되지 않을 만한 막말이 마구 쏟아졌을 것이다.

공감과는 별개로 문제에 대처하는 방향에는 여전히 동의하기 어렵다. 미니스커트를 입은 사람을 보고 불순한 생각이 든다면 불순한 생각을 한 사람의 잘못이지 미니스커트를 입은 사람의 문제가 아니다. 운동 특성상 필요해서 노출을 한 것을 이상하게 본다면 이는 어디까지나 폴댄스가 아닌 바라보는 사람의 문제다. 같은 선상에서 일상복을 입고 "폴댄스에 대한 편견을 버려주세요!"라고 외치는 것보다는 폴웨어를 당당하게 드러내는 편이, 그렇게 폴댄스의 아름다움을 제대로 알리고 잘못된 편견과 선입견에 대해서는 정확히 지적하는 편이 폴댄스의 인식을 개선하는 데 더 유효하다고 생각한다.

말처럼 쉽지는 않을 것이다. 한국 사회는 노출에 워낙 익숙하지 않으니까. 불과 몇 년 전까지만 하더라도 연예인들이 공식 석상에서 속옷 끈이나 가슴골이라도 노출하는 날에는 난리가 나곤 했다. 한때는 매해 연말 시상식을 앞두고 배우 김혜수 씨가 얼마나 노출된 의상을 입을지가 초유의 관심사가 되던 기억이 아직도 선명하다. 하물며 연예인에게도 이러한 잣대가 드리우는데 폴웨어를 입은 일반인이라면? 유교 국가에서 평생 살아온 이들에게는 폴댄스의 노출 자체가 충격이었을 수 있다.

나 역시 어쩔 수 없는 한국인인지라 신체 노출에 그다지 익숙하지 않은 삶을 살아왔다. 폴웨어는커녕 여름에 비키니 수영복조차 부끄러워 입지 못하는, 워터파크에 가면 래시가드와 긴 바지로 몸을 꽁꽁 싸매는, 배나 허리나 등 어디라도 드러내면 큰일 나는 줄 아는, 간혹 몸매가 드러나는 옷들이 예뻐 보여도 남들의 시선이 신경 쓰여 입지 못하는 그런 삶 말이다. 체험 수업을 참여한 날도 학원에 걸려 있는 각종 폴웨어를 바라보며 내심 생각했다. 내게 저런 걸 입을 날은 결코 오지 않을 것이라고, 가능한 한 반팔과 반바지로 버텨보겠다고. 잘 어울릴 것 같다며 한번 입어보라는 강사의 권유에도 손사래를 치며 말했다. "어머, 전 유교 걸이라 저런 거 못 입어요!"

하지만 짧은 티셔츠와 반바지로 한 달쯤 생활하다 보니 자연스레 벽에 부딪혔다. 궁여지책으로 일반 운동복 브랜드의 티셔츠나 팬츠를 입어보았으나 전문 폴웨어와는 역시 차이가 있었다. 그 과정에서 처음에 저런 걸 어떻게 입나 싶었던 다른 회원들이나 강사들의, 비키니 수영복 같은 폴웨어가 점점 더 눈에 들어왔다. 알록달록한 색깔과 다양한 디자인의 폴웨어들이 예뻐 보이기 시작했고, 폴웨어를 입은 몸에 점점 더 익숙해졌다. 정신을 차려보니 옷장 안에는 각종 폴웨어가 색색으로 쌓여 있었다.

몸을 향한 시선의 변화

폴댄스를 배우는 동안 내적으로든 외적으로든 많은 변화가 일어났는데, 개중에는 사람의 몸을 대하는 관점의 차이도 있었다. 이전에는 살면서 나도 모르게 학습한 '성애의 시선'이 작동하곤 했다. 여성임에도 노출된 신체를 마주하면 민망하거나 부끄러웠고, 남성의 기준으로 다른 여성들의 몸을 바라보고 평가했다.

폴댄스를 만나면서 이러한 시선이 사뭇 달라졌다. 타인의 몸에 부적절한 사연이나 상상을 덧붙이지 않고, 몸을 그저 '몸'으로 바라볼 수 있게 된 것이다. 이 세상에 존재하는 수많은 사람만큼 다양한 체형이 존재한다는 것을 알게 되었고, 그들 각각의 아름다움을 발견하게 되었다.

신체의 곡선, 힘을 줄 때 비로소 드러나는 잔근육, 그 사이에 도드라지는 힘줄, 오랜 훈련을 거듭해 라인이 다듬어진 팔다리와 유연성을 품은 허리 같은 것들.

이와 같은 변화는 아무래도 폴을 타면서 자연스럽게 타인의 몸을 자주 접했기 때문인 듯하다. 마치 대중목욕탕에 처음 갔을 때 눈을 어디에 두어야 할지 모르다가 시간이 지나면 익숙해지는 것처럼, 더는 타인의 나체를 의식하지 않고 받아들이게 되는 것처럼, 나 역시 폴웨어를 입고 다른 회원들과 자연스레 어울리면서 나의 몸에, 그리고 타인의 몸에 종이에 물이 스미듯 익숙해질 수 있었다. 이전에는 거리에서 노출이 심한 옷을 입은 사람을 보면 겉으로 드러내지 않으려 애를 쓸지언정 속으로는 당황하며 눈알을 굴려댔다면, 이제는 그저 옷은 옷이고, 몸은 몸일 뿐이라고 받아들이게 되었다. 자연스레 타인의 몸이 지닌 아름다움에 순수하게 감탄할 줄 아는 사람이 되었다.

어떤 이들은 나를 비판할지도 모르겠다. 여성주의를 말하는 사람이 어떻게 몸에 대해 '평가'를 할 수 있냐고. 타인의 몸을 보고 감탄하거나 몸의 아름다움에 집중하는 것 또한 '성적 대상화'가 아니냐고. 글쎄. 일전에 어느 인터넷 언론사의 설문조사에 비슷한 질문이 있었다. "바디프로필에 대해 어떻게 생각하시나요? 1번. 노력의 성과를 보여주는 아름다운 결과물이다. 2번. 몸을 성적 대상화하고 미의 일원화를 추구하는 잘못된 문화다. 3번. 둘 다 아니다." 나는 3번을 골랐다. 왜냐하면 내가 느끼는 몸의 아름다움은 흔히 말하는 성적 대상화와는 달랐으니까.

이는 마치 자연 풍광이나 예술품을 보고 감탄하는 것처럼 몸이 지닌 물성 자체를 그대로 긍정하게 된 것에 가깝다. 나의 몸이든 타인의 몸이든. 몸에 있는 다양한 상처와 주름, 흉터, 타투, 각자의 몸이 지닌 개성들, 이런 것들을 성적인 시선 혹은 대상화하는 시선 없이 있는 그대로 자연스럽게 받아들이게 된 것이다.

그렇게 몸의 아름다움에 눈을 뜨고 감탄하고 감동하면서, 한때의 유교 걸은 어디 가고 노출에 대한 두려움이 사라졌다. 이제 폴을 탈 때는 예전 같으면 기겁했을 만한, 등 부분에 끈 하나만 있는 디자인의 폴웨어를 주로 입는다. 편하기도 하고, 근육의 움직임이 잘 보이는 게 마음에 들어서다.

종종 SNS에 폴링 영상을 올리는 것 역시 비슷한 이유다. 처음 폴댄스를 시작할 당시만 하더라도 오로지 나 혼자 보기 위해 영상을 찍었다. 뿌듯해 남들에게 자랑하고도 싶었지만 누군가 노출이 심하다고 흉을 볼까 걱정스러웠고, 나의 몸이 평가당하고 부정당할지 모른다는 두려움이 이를 막았다. 가까운 친구 역시 많은 이들이 보는 채널에 영상을 올리면 남편이 불쾌해할지 모르니까 조심하라고 조언해주었다.

하지만 누구나 자기 내면의 기준으로 판단하는 법. 신체와 노출에 대한 관점이 변화하면서 그러한 우려도 점점 사라졌다. 노출은 어디까지나 부수적인 것일 뿐, 내게 중요한 건 폴링이었으니까. 물론 누군가는 영상 속 노출 있는 내 의상에 놀랄 수도 혹은 불순한 시선으로 바라볼지도 모른다. 아니, 높은 확률로 그럴 것이다. 종종 앞서 언급한 것처럼 여전히 '빤스만 입고 하는 운동 아니냐' 같은 불쾌한 질문을 받기도 하니까. 이전과의 차이는 나 자신이 훨씬 더 의연해졌다는 점이다. 나의 관점이 변하면서 타인의 시선으로부터 받는 영향도 줄어들었다. '그렇게 보든지 말든지 마음대로 하세요, 나는 내 안의 아름다움과 나의 근육에 더 집중할 테니까' 같은 마음이랄까. 아마 폴을 타는 동안 몸의 근육만큼이나 마음의 근육도 여러모로 단련된 모양이다.

핸디캡은 또 하나의 가능성이다

수업에 낯선 얼굴이 보이면 나도 모르게 눈길이 한 번 더 간다. 누굴까. 새로운 회원일까. 운동은 처음일까. 폴 을 잘 탈까, 못 탈까. 어떤 기술을 선호할까. 그날도 그랬다. 학원에 처음 보는 회원이 새로 들인 가구마냥 어색한 표정으로 쭈뼛거리며 앉아 있었다. 웜업 시간에 강사와 거울을 번갈아 바라보며 허둥대는 걸로 보아 역시나 초급 회원이지 싶었다.

하지만 본격적인 수업이 시작되고 대반전이 일어났다.

어리숙한 그 초급 회원의 몸이 엄청나게 유연했던 것이다. 폴 위에서 뒤로 둥글게 활처럼 휜 허리를 바라보고 있노라니 나도 모르게 탄성이 터져 나왔다. 다른 회원들 역시 믿을 수 없다는 표정으로 말없이 눈동자만 굴리고 있었다. 우리의 반응을 예상했다는 듯 강사가 말했다. "아직 배운 지 한 달밖에 안 된 분인데 굉장히 유연하죠? 이런 허리는 일반적인 사람 중에는 거의 없을 걸요?"

남보다 뼈가 하나쯤 적은 듯한, 뒤로 반쯤 접힌 허리를 보고 놀라길 한 번, 강사의 부연 설명을 듣고 놀라길 또 한 번. 고인물이 넘쳐나는 폴의 세계에서 한 달이라면 그야말로 갓난아이와 같은 레벨이다. 첫 달은 대개 폴을 잡는 다양한 그립과 무릎에 힘을 줘 풀을 기어 올라가는 동작인 클라임을 비롯하여 각종 입문 기술을 배우는 게 고작이다. 하지만 방금 전 눈앞에서 해당 회원이 구사한 동작은 바로 '말로 스플릿'이었다. 폴 위에서 허리를 뒤로 눕듯이 꺾은 뒤 두 다리를 위아래로 뻗어 양발로 폴을 밟아 두 다리가 일자가 되게끔 만든 뒤 양손으로 풀을 잡아 버티는 고급 기술. 나의 경우에는 폴을 탄 지 5년이 다 되어가는 지금까지 제대로 성공해본 적 없는 그야말로 꿈의 기술이다.

'뭐야, 어떻게 저게 가능해?' 여전히 믿기지 않아 눈을 껌뻑거리고 있는데 강사가 옆에서 받치고 있던 힘을 풀자마자 순식간에 폴에서 미끄러지는 모습을 보니 역시 초보는 초보이지 싶었다. 타고난 유연성으로 어려운 기술을 성공하긴 했지만 아직 앞뒤 연결까지는 무리였던 것이다. 그럼에도 저 정도로 유연하다면 조만간 고수가 되리라 확신할 수 있었다. 오래지 않아 실력이 쑥쑥 늘고 폴 위에서 펄펄 날아다닐 그의 모습이 눈앞에 그려지면서 부러운 마음이 뭉게구름처럼 피어올랐다.

근력과 유연성이라는 두 마리 토끼

종종 폴을 타려면 어떤 요건이 필요한지, 어떤 사람이 폴을 잘 타는지 질문을 받는다. 폴 자체는 낯선 것에 대한 두려움을 극복하려는 의지와 운동에 대한 열의만 있다면 누구나 탈 수 있다. 정말 누구나. 다만 '그냥' 타지 않고 '잘' 타기 위해서는 폴댄스 역시 다른 운동과 마찬가지로 힘, 체력, 순발력, 운동신경, 유연성 등 다양한 능력이 필요하다.

그중에서도 폴댄스에 핵심적인 요건을 꼽자면 두 가지로 압축할 수 있다. 첫 번째는 힘, 그러니까 근력이요, 두 번째는 바로 유연성이다. 공중에서 폴에 의지한 채 자신의 무게를 버텨야 하기에 강인한 근력이 필수적이며, 몸으로 여러 자세를 취해야 하므로 신체 가동 범위가 넓을수록, 그러니까 유연할수록 유리하다.

재미있는 건 근력과 유연성이 서로 상반되는 성질이라는 사실이다. 직접 고기를 손질해본 사람들은 알 것이다. 비계가 많은 부위는 물컹하고 부드러우며 힘줄이 많은 부위는 밀도가 높고 퍽퍽하다는 걸. 저렴한 고기를 맛있게 요리하려면 살코기를 덮고 있는 근막을 손질하라고 하는 것도 바로 이 때문이다. 질기고 뻣뻣하며 식감이 좋지 않은 근막을 손질해야 살코기가 더 부드러워진다.

사람의 몸도 마찬가지라서 근육이 많은 부위는 팽팽하여 늘어나기 어려운 반면 부드럽고 말랑하면 근육이 적은 경우가 많다. 물론 근력도 유연성도 연습으로 늘릴 수 있지만 어디까지나 한계가 분명하다. 힘과 유연성을 동시에 갖춘, 뱃속에서부터 폴러로 점지된 초인적인 이들도 간혹 존재하지만 어느 분야에나 있는 아주 예외적인 케이스일 뿐이다. 일반적으로 유연한 사람은 힘이 떨어지고, 힘이 좋은 사람은 뻣뻣한 경우가 많다.

풀러들은 마치 게임 캐릭터처럼 크게 '힘 계열'과 '유연성 계열'로 나뉘곤 한다. 개인적으로는 둘 중에서 상대적으로 유연성이 폴을 타기에 더 유리한 조건이지 싶다. 체격이 비슷하다는 전제 아래 힘이 좋은 사람과 그렇지 못한 사람 간의 편차는 그리 크지 않은 반면, 유연성은 마치 갈비뼈가 없는 양 허리가 뒤로 완전히 꺾이는 사람부터 척추뼈에 철심이라도 들어 있는 것처럼 뻣뻣한 사람까지 범주가 훨씬 넓기 때문이다.

폴댄스 인구 대부분이 여성인 것 또한 어쩌면 이런 연유일지 모른다. 강한 근력을 필요로 하는 운동이니 얼핏 힘세고 근육이 많은 남성들에게 유리할 것 같지만 남성들은 아무래도 여성에 비해 몸이 타이트한 경우가 많으니까. 간혹 예능프로그램에서 남성들이 폴댄스를 체험하는 모습만 봐도 그렇다. 근력을 요하는 동작은 곧잘 따라 하는 반면 유연성이 필요한, 등이나 옆구리를 늘리고 뻗어야 하는 동작에서는 무척 곤혹스러워한다.

부족함을 인정했을 때 생기는 일

나는 굳이 따지자면 유연성보다는 힘 쪽이다. 근력이 뛰어나서라기보다는 유연성이 워낙 부족해서 힘 계열로 나뉘게 된 슬픈 경우라고 할 수 있다. 아주 뻣뻣한 몸을 타고났다. 어린이들은 대개 유연하다던데, 나는 심지어 어린 시절에도 몸이 그다지 말랑말랑하지 않았다. 그런데다가 평생 스트레칭과는 거리가 먼 삶을 살고, 본격적으로 책을 쓰기 시작한 이후로 하루의 대부분을 책상 앞에 앉아 보내면서 가뜩이나 뻣뻣한 몸은 점점 더 굳어갔다.

폴을 배우면서 예전보다는 약간 나아졌지만 솔직히 눈에 띌 만큼 크게 변화했다고 말하긴 어렵다. 각목 수준에서 그나마 평균치로 온 정도랄까. 당연히 폴을 탈 때도 유연성을 요하는 구간에서는 늘 버벅거리거나 헤매기 일쑤고, 앞서 언급한 말로 스플릿처럼 아예 엄두조차 내기 어려운 기술도 많다. 참으로 속상한 일이다.

문제는 그저 속상한 걸로만 끝나지 않을 때가 많다는 사실이다. 유연성이 부족하면 부상의 위험 또한 크게 늘어난다. 단단한 나뭇가지와 말랑말랑한 고무 막대를 떠올려보면 이해하기 쉬울 것이다. 조금만 힘을 주어도 쉽게 부러지는 나뭇가지와 달리 고무 막대는 가위로 자르지 않는 한 웬만하면 손상을 입지 않는다. 금속으로 만든 딱딱하고 기다란 막대를 이용하여 몸을 누르고 찢고 늘려서 온갖 동작을 만들어내는 폴댄스 또한 유연하지 않으면 부상 확률이 높아진다. 지금껏 폴을 타며 크게 다친 적이 몇 번 있는데, 모두 조금만 더 유연했더라면 생기지 않았을 일들이었다. 허리가 더 유연했더라면, 가슴이 더 열렸더라면, 어깨가 더 잘 회전했더라면, 다리를 더 넓게 벌릴 수 있었더라면 별 탈 없이 넘어갔을 일들.

사람들이 자주 말하지 않던가. 나이가 들수록 유연해야 덜 다치고 오래 건강할 수 있다고. 의학 전문가들이나 각종 건강 프로그램 역시 스트레칭의 중요성을 강조하곤 한다. 하지만 폴을 타기 전까지만 하더라도 그런 이야기를 그저 흘려 넘길 때가 많았다. 유연해서 나쁠 건 없지만 굳이 애쓸 필요가 있나 싶었던 것이다. 그래서 요가 같은 운동은 기피했고, 폴댄스를 본격적으로 배우고 난 뒤에도 스트레칭은 매번 등한시했다. 유연성이 필요한 기술? 못해서 아쉽긴 하지만 안 되는 걸 어떡해, 안 하고 말지 뭐, 같은 기분이었달까.

그런데 몇 번 다치고 나니 이제는 생존의 문제가 되어

버렸다. 심한 부상이 반복되면 궁극적으로는 폴댄스를 그만둘 수밖에 없다는 위기감을 느꼈고, 결국은 부상을 입지 않기 위해 난생처음 '자발적으로' 스트레칭을 시작했다. 먼지가 가득 쌓인 채 창고 구석에 놓여 있던 요가매트를 꺼내 거실 한편에 놓아두고 아침저녁으로 몸을 풀어주었다. 지루하고 아팠지만 안 하면 폴을 영영 못 타게 될지 모른다고 생각하니 이를 악물 수밖에 없었다. 그렇게 몇 달이 경과하자 신기한 변화가 생겼다. 혹시 엄청나게 유연해졌냐고? 그럴 리가. 등심이 오래 두드린다고 안심이 되던가. 타고나길 뻣뻣한 몸이 몇 달 스트레칭을 했다고 말랑해질 리 없다. 물론 미세하게 나아지긴 했지만.

그보다는 스트레칭을 시작한 이후로 만성적으로 달고 살던 몸의 통증이 확연히 줄어든 게 결정적인 변화라고 할 수 있다. 앉아서 생활하는 시간이 길어서인지 늘 어깨나 허리가 아팠고, 그 때문에 한의원과 정형외과에 문턱이 닳도록 드나들곤 했다. 그런데 집에서 따로 시간을 내서 스트레칭을 한 이후로는 병원에 갈 일도 생기지 않았다. 부상을 예방하기 위해 시작한 스트레칭으로 뜻밖에 얻게 된 보너스였다. 여기에 더해 각목 같았던 몸도 조금씩 말랑해졌다. '유연하다'고 묘사하기엔 여전히 미흡하지만 뻣뻣함의 대명사였던 내 입장에서는 괄목할 만한 성과였다. 덕분에 평생 인연이 없을 것 같았던 일자 스플릿도 어느 순간부터 편안히 할 수 있게 되었다.

무라카미 하루키는 에세이 《달리기를 말할 때 내가 하고 싶은 이야기》에서 '살이 잘 찌는 체질'을 타고난 탓에 달리기를 시작했다고 밝힌다. 체질 탓에 매일 열심히 운동하고 식단에 신경 쓰느라 피곤하게 살아야만 했고, 이에 인생이 불공평하다고 생각했던 적도 있지만 결과적으로는 높은 신진대사를 유지하고 건강한 몸과 마음을 갖추는 데 도움이 되었다고 말이다. 하루키의 말마따나 살이 찌지 않는 체질을 타고난 사람은 필요성을 느끼지 못하는 탓에 운동이나 식단 조절을 꾸준히 하기 어렵고, 젊었을 때는 상대적으로 편안한 시간을 보냈을지 모르지만 궁극적으로는 나이가 들면서 더 쇠약해질 가능성이 크다.

나 역시 마찬가지다. 만약 내가 타고나길 유연했더라면 살아가는 데 유연성이 얼마나 중요한지 미처 깨우치지 못했을 것이다. 폴을 타다가 다치는 일도 없었을지 모르지만, 같은 이유로 지금과 같이 스트레칭을 꾸준히 하는 일도 없었을 것이다. 결과적으로는 만성적으로 달고 살던 근육통이 사라져 후련함과 개운함을 느끼지도 못했을 것이다. 더불어 매일 조금씩 달라지는 몸을 관찰하면서 기뻐하는 일도, 점점 나아지는 스스로에게 감탄하는 일도 없었을 것이다. 물론 유연성 대신 다른 고민거리와 문제를 안고 있었을지도 모르지만.

몸이 타이트한 것에는 또 다른 장점이 있다. 바로 군살이 쉽게 붙지 않고 근육이 잘 생긴다는 것이다. 많은 사람들이 '근손실'을 두려워하며 근육을 만들기 위해 노력하는 요즘 같은 세상에서 근육이 잘 생기는 몸을 타고났다는 것은 굉장한 축복이다. 운동을 하지 않던 시절에도 체지방이 늘 평균보다 적고 근육량은 평균보다 많았던 것 또한 모두 이러한 체질과 연관이 있었다는 것을 지금에 와서 새삼 깨닫는다.

생각을 바꾸고 나니 원망스럽고 마음에 들지 않던 내 몸이 달리 보이기 시작했다. 남들이 멋지게 구사하는 고급 기술을 도전조차 할 수 없을 때는 속상하고 아쉬웠지만, 한편 그렇게 뻣뻣한 배와 허리 쪽 근육을 타고난 탓에 별다른 노력 없이 복근이 생겨나고 살도 잘 찌지 않았던 것은 그것대로 좋은 일이니까. 아니, 어쩌면 탄탄한 근육을 갖기 위해 운동하는 어떤 이들에게는 나의 체질이 그야말로 축복처럼 느껴질 수도 있을 것이다. 그제야 초급 회원의 유연한 허리를 바라보는 동안 의기소침해지면서 쪼그라들던 마음이 조금 펴지는 것 같았다. 하나를 얻으면 하나를 잃을 수밖에 없는 세상의 이치가 여기에도 적용된다.

남의 메인 무대와 내 백스테이지를 비교하지 말 것

폴프로필을 찍었다. 폴프로필은 폴댄스 포즈를 취한 상태에서 찍은 프로필 사진을 뜻한다. 무엇이든 좋아하는 것을 열심히 하다 보면 기록을 남기고 싶어지는 것이 인지상정인 걸까? 피트니스인들 사이에서 바디프로필이 유행하는 것만큼이나 폴댄서들 사이에도 폴프로필을 한 번쯤은 찍어볼 만하다는 분위기가 존재한다.

 나 역시 다른 이들의 바디프로필을 볼 때마다 남몰래 감탄하고, 언젠가 한번쯤 도전해보고 싶다는 욕심도 냈다.

그렇지만 문자 그대로 '언젠가'에 불과했다. 각 잡고 전문적인 카메라맨 앞에서 포즈를 취한다는 게 영 쑥스럽고 엄두가 나지 않았으니까. 한번은 촬영 직전까지 갈 뻔했다가 날짜를 조율하는 과정에서 그만 흐지부지되었던 적도 있다.

그러던 찰나 학원에서 단체로 폴프로필을 찍는다는 소식이 들려왔다. 대표적인 폴프로필 전문 스튜디오에서 내가 다니는 학원까지 출장을 온다고 했다. 당연히 바로 신청했다. 스튜디오까지 가야 하는 번거로움도 없고, 다른 사람들과 스케줄을 맞출 필요도 없고, 늘 오가던 익숙한 공간에서 편안하게 찍기만 하면 된다니, 어머 이건 찍어야 해! 그렇게 조만간 내 손에 들어올 아름다운 폴프로필 사진을 상상하며 들떠 있을 때까지만 해도 전혀 몰랐다. 폴프로필이 아주 힘들고 고된 과정이라는 걸, 그저 평소처럼 폴을 탄다고 해서 끝나지 않는다는 걸.

고통이 낳은 아름다움

사진이라는 게 그렇다. 여권 증명사진 한 장도 '그냥' 찍히지 않는다. 고개를 화면 가운데에 맞추고, 턱을 당기고, 어깨를 내리는 등 사진작가의 지시를 따라야 한다. 문제는 그러다 보면 자신도 모르게 긴장하고, 경직되어 뚝딱거리기 일쑤라는 것. 전문적으로 카메라에 찍히는 사람이 아닌 한 대부분은 사진 촬영을 어색해하기 마련이다. 여권이나 주민등록증, 운전면허증 속 증명사진을 보면 무슨 말인지 알 것이다.

전문가의 지시대로 사진을 찍는 것부터 쉽지 않은데, 폴프로필은 난관이 하나 추가된다. 폴댄스 기술을 아름답고 정확하게 보여주어야 하는 만큼 평소보다 동작을 훨씬 더 크게 해야 하는 것은 물론, 같은 동작도 상당히 오랫동안 유지해야만 한다. 사진작가가 그 장면을 포착할 수 있도록, 카메라가 아름다운 순간을 충분히 담아내도록.

폴댄스에서는 일반적으로 한 동작을 3초가량 유지한다. 3초는 폴이 한 바퀴를 돌 때 걸리는 시간으로, 짧아 보여도 그리 만만치 않다. 찰나에 불과한 초 단위가 폴 위에서는 때로 영겁처럼 느껴진다. "조금만 더!" "기다려!" "그 상태로 유지!" 같은 말이 수업 시간에 반복적으로 울려 퍼지는 게 바로 이 때문이다. 버티기가 힘들어 1초만에 자세를 바꿔버릴 때도 많으니까. 3초도 힘든 마당에 폴프로필 촬영 때에는 하나의 포즈를 최소 10초 이상 유지해야 하는데, 바로 여기에서 고비가 온다.

    표정 또한 무시할 수 없다. 폴프로필은 어디까지나 '프로필' 사진이다. 기술을 정확하게 보여주는 것만큼 얼굴 표정 또한 신경 써야 한다. 문제는 생각처럼 쉽지 않다는 사실이다. 세상에 방긋방긋 웃으며 무거운 택배 상자나 쌀 포대를 나르는 사람은 없을 것이다. 폴댄스 또한 온몸에 힘을 주고 하는 운동이니만큼 대개는 얼굴에 피가 몰려 새빨개지고 용을 잔뜩 쓰느라 어금니를 꽉 깨물고 끙끙대기 마련이다. 하지만 적어도 폴프로필을 찍는 그 순간만큼은 하나도 힘들지 않은 것처럼, 고요하고 평화롭고 여유로운 것처럼 연기해야 한다. 어떻게? 방법은 하나뿐이다. 참고 또 참는 것이다.

    폴프로필이 쉽지 않은 건 바로 이런 이유들 때문이다. 본격적으로 촬영을 준비하면서 '수업 끝나고 조금씩 연습하면 되겠지'가 얼마나 안일한 생각이었는지 깨달았다. 이미 몸에 익은 기술들이라고 생각했는데, 실제 사진으로 찍어놓고 보니 남들 앞에 선보이기에는 턱없이 부족한 수준이었고, 촬영에 적합할 만큼 오래도록 유지하지도 못했다. 하루에도 몇 번씩 후회했다. 이렇게 힘든 줄 미리 알았더라면 안 했을 거라고. 하지만 이제 와서 무를 수도 없는 노릇이고 어쩌겠는가. 그냥 하는 수밖에.

  그렇게 한 달가량 준비한 끝에 대망의 촬영일이 다가왔고, 그로부터 보름 뒤 여섯 장의 사진이 내 손에 들어왔다. 두근거리는 마음으로 사진 파일이 담긴 메일함을 클릭하는 순간, 인스타그램에서나 보던 사람이 거기에 있었다. 흔들림 하나 없이 잔잔한 미소를 띤 채 폴 위에 올라와 있는 나. 사진을 본 가족과 친구들은 너무 아름답고 신기하다면서 난리가 났다. 어떻게 바닥에서도 힘든 포즈를 하나도 힘들이지 않고 공중에서 취할 수 있느냐고 물었다.

  그 말에 웃음이 나왔다. 하기야, 사진만 봐서는 전혀 모를 것이다. 그 한 장을 위해 한 달간 폴에 수백 번 오르고, 같은 기술을 반복해서 연습하고, 뻣뻣한 몸을 풀기 위해 아침저녁으로 스트레칭하다가 아파서 눈물을 흘리기도 했다는 걸. 아침 여덟 시부터 몸을 풀고, 미용실에서 메이크업을 받고, 고개를 거꾸로 해도 머리카락이 쏟아지지 않도록 헤어스타일을 특수한 젤로 고정하고, 다시 몸을 풀고 해가 질 때까지 촬영했다는 걸. 카메라 앞에서 평화로운 표정을 연기하던 그 순간에 실은 죽기 살기로 버티고 있었다는 걸.

인생은 다큐멘터리

지난가을 도저히 답이 나오지 않는 문제로 속을 썩이다가 무작정 밤거리를 한참 동안 걸었다. 약간 쌀쌀한 것만 빼면 저녁의 공원을 산책하는 느낌이 썩 나쁘지 않았고 답답했던 마음에도 미세하게 숨 쉴 구멍이 생기는 것 같았다. 한편으로는 걷는 동안 마주치는 사람들을 보며 속으로 몹시 부러워하기도 했다. 그날 거리에서 처음 본, 이름도 소속도 모르며, 아마도 평생 다시 만날 일이 없을 그들의 얼굴이 너무 밝고 평화로워서 그만 눈물이 날 것 같았다. 저들은 나와 같은 고민이 없겠구나. 나처럼 괴로움에 시달리지 않겠구나. 저들의 일상은 평화롭고 아름답겠지. 그저 꽃길과도 같겠지. 그렇게 시작된 상념은 꼬리에 꼬리를 물고 어느새 그들과 나의 인생을 바꾸고 싶다는 데까지도 나아갔다. 지금 웃으면서 유모차를 밀고 있는 저 사람의 인생이 내 것이었으면, 저 사람으로 살았으면, 저기 조깅을 하고 있는 아저씨로 살아보았으면.

폴프로필 사진을 바라보고 있노라니 새삼스레 그날의 기억이 떠올랐다. 그때 기분이 얼마나 쓸쓸하고 어두웠는지도, 그 생각이 얼마나 어리석었는지도. 누군가 그랬던가.

SNS 속 사진들은 마치 CF 같다고. 화려하고 아름답지만, 편집되고 엄선된 결과물만 보여주기에 그것만으로는 실제 삶을 알 수 없다고. 이 세상에 CF 같은 삶은 없다. 인생은 다큐멘터리다. 사진으로 담아낸 찰나에 멈추는 것이 아니라 계속 필름이 돌아간다.

현대인들은 과거보다 물질적으로 풍요로워졌지만 정신적으로는 훨씬 더 불행해졌다고 한다. SNS로 타인의 편집된 일상을 너무 많이 접하게 되면서, 그것을 자신의 다큐멘터리와 비교하면서 시기와 질투와 열등감에 시달린다는 것이다. 하지만 누군가의 웃는 얼굴 하나만 보고선 결코 그의 내면을 알 수 없는 것처럼 한순간의 장면만을 선별하여 담은 SNS 역시 마찬가지다. 그날 거리를 걸으며 마주쳤던, 아무런 근심과 걱정이 없는 것처럼 보여 내가 그리도 부러워하던, 인생을 송두리째 바꾸고 싶다고 느꼈던 타인들 역시 마음속에 실제로 무엇을 품고 있었을지는 모르는 일이다. 어쩌면 내 것과는 비교도 되지 않을 괴로움과 고민을 지녔을 수도 있다. 누군가와 인생을 바꾸는 것도 불가능하지만, 막상 가능할지라도 이후로는 정작 새로운 고민과 고통으로 괴로움을 겪을지 모른다.

전혀 힘들지 않은 것 같은 사람도, 고민이나 걱정거리

하나 없이 평온하고 행복해 보이는 사람도 마음속은 한 겹 한 겹 저며지고 있는지도 모르는 일이다. 폴 위에서 평화롭고 우아하게 웃고 있는 폴러처럼.

백발에도 폴 위에서 춤추는 할머니

오랜만에 만난 또래 지인이 안경을 쓰고 나타났다. "웬 안경을 쓰셨어요? 전에 라식 수술했다고 하지 않았어요?" 의아해서 묻는 내게 그가 멋쩍게 웃으며 답했다. "그게 실은… 노안이 왔거든요." 앞에서는 "그렇구나" 하고 넘겼으나 뒤돌아서며 머릿속이 복잡해졌다. 노안이라고? 우리가 벌써 그런 나이인가?

20대 시절에는 젊음에 대한 사람들의 집착을 이해하지 못했다. 나이가 적든 많든, 각자 자신의 나이에 어울리게 살아가면 된다고 생각했다. 시간이 흐른다고 아쉬워하고, 늙는 것을 두려워하고 전전긍긍하는 이들을 보면서 보기 흉하다고까지 생각했다. 나이는 누구나 먹는 것을… 그냥 자연스레 받아들이면 되지, 왜들 저런담.

　그로부터 20여 년이 흐른 지금, 종종 그때의 나를 떠올린다. 정수리를 중심으로 해마다 조금씩 늘어나는 흰머리, 눈가에서부터 점점 퍼져나가는 듯한 주름, 탄력이 떨어진 피부. 거울 앞에 서면 얼핏 큰 차이가 없는 것 같으면서도 전체적으로 빛이 조금 바랜 듯한 내가 그 안에 들어 있다. 돌이켜보면 그 모든 '이해할 수 없음'은 아무것도 몰랐기 때문이었다는 걸 지금은 안다. 노화가 어떤 상태인지 무지했고, 또 알 필요도 없었던 자의 오만 같은 것. 몰랐기에 안타까움과 아쉬움을 느끼는 사람들의 마음도 이해하지 못했을 것이다. 마치 평생 배고파본 적 없는 사람이 굶주림의 고통을 모르는 것과 같달까.

　달라진 건 비단 겉모습만이 아니다. 한때 2.0에 달하던 시력은 해가 지날수록 조금씩 나빠져서 이제는 안경을 쓰지 않고 간신히 버티는 수준까지 떨어졌다. 아직 노안은 오지 않았지만 시간문제일 터. 관절 역시 삐거덕거리기 시작했다. 이전보다 쉽게 지치고, 조금만 무리했다

싶으면 바로 신호가 온다. 얼마 전에는 유산소 운동을 평소보다 10여 분 늘렸다가 며칠간 무릎이 아파서 혼났다. 이쯤 되고서야 나의 생명이, 정확하게는 나의 몸이 유한하다는 사실을 비로소 '체감'한다. 잘 작동하던 기계가 세월의 흐름에 따라 점차 고장 나듯, 영원히 튼튼할 줄 알았던 나의 몸 또한 조금씩 닳고 있다.

퇴보의 시간

이러한 시간의 법칙에서 폴을 타는 것 역시 자유로울 수 없다. 얼마 전까지 쉽게 구사하던 기술이 갑자기 안 되는 통에 몹시 당황했다. 물론 운동을 하면서 퍼포먼스에 차이가 나는 건 비일비재한 일. 이전에도 비슷한 경험을 종종 하곤 했다. 잘되던 기술이 갑자기 안 된다거나, 몸의 가동 범위가 줄어들고 힘이 빠진다거나. 주로 컨디션이 나쁘거나 너무 피로할 때, 스트레칭 시간이 부족했을 때 그런 상황이 발생했는데, 며칠 쉬면 다시 괜찮아졌기에 대개는 크게 신경 쓰지 않고 넘어갔다. 문제는 이와 같은 컨디션 난조가 최근 들어 눈에 띄게 잦아졌다는 사실이다. 체력이 떨어지고 있다는, 몸이 전반적으로 약해졌다는 신호였다. 한마디로 나이가 들고 있다는 것.

그간 폴을 타면서 진정한 성취감은 자기 자신에게서 나온다는 걸 배웠다. 남들은 다 성공한 기술을 혼자서만 실패하는 순간, 아무리 애써도 안 되는 좌절과 낙담의 순간들을 어떻게든 이겨내고 계속해서 폴을 탈 수 있었던 원동력이 바로 그 때문이었다. 성취감은 남과의 비교나 경쟁이 아닌 스스로의 성장을 기반으로 한다는 걸 깨달았기에 비록 남들보다는 못하지만, 여전히 어설프고 부족하지만, 느리더라도 꾸준히만 하면 이전보다는 1밀리미터만이라도 나아졌다는 자긍심과 뿌듯함으로 포기하지 않고 계속 힘을 낼 수 있었다.

그랬는데 이제는 몸이 신호를 보내기 시작한 것이다. '스스로의 성장'에도 끝이 존재한다고, 무작성 노력한다고 되는 게 아니라고, 뼈와 근육과 온몸의 세포가 말하고 있었다. 지금까지 나름대로 최선을 다해 폴을 타왔지만, 그러한 성의나 노력과 무관하게 결과가 이 이상 좋아지기 어려워지리라는 걸 깨달았다. 앞으로 폴을 타면서는 긍정적인 쪽으로 변화하는 폭은 이전에 비해 상대적으로 아주 미미할 테고, 훨씬 힘들고 고된 과정을 감수해야 한다는 걸 예감할 수 있었다.

그러니 의기소침해질 수밖에 없는 노릇이었다. 이런 일을 점점 더 자주 겪겠지, 구사할 수 있는 기술과 동작의 범위가 점점 더 줄겠지, 훨씬 더 빨리 지치겠지, 부상도 더 자주 당하겠지. 한숨이 절로 나왔다. 열심히 하고 싶은 마음이 싹 사라지는 기분이었다. 아마 달리기를 그만두던 하루키의 마음이 바로 이런 것이었는지도 모른다.

하루키는 잘 알려진 달리기 마니아다. 매일 규칙적으로 달리고 풀코스 마라톤에도 정기적으로 참여하여 수준급 기록을 내고, 달리기를 주제로 한 에세이집까지 펴냈을 정도로 이 운동에 진심을 다했다. 이랬던 그가 어느 순간부터 달리기에 시들해졌는데, 당사자는 이런 변화의 이유로 '퇴보'를 꼽았다. 어느 순간을 기점으로 마라톤 기록이 지지부진해졌는데, 처음에 의아해하던 하루키는 곧 그것이 신체의 노화 때문이라는 걸 깨달았다고 한다. 지금까지가 줄곧 오르막길이었다면 앞으로는 내리막길만 남았다는 걸 그즈음 깨달았고, 그러다 보니 달리기에 대한 흥미나 열의가 점차 시들해졌고, 어느 순간부터 이전처럼 열정적으로 달리지 않게 되었다고.

이제야 그 마음을 조금이나마 알겠다. 기록은 단순한

숫자가 아니었다. 기록은 노력이 보람을 거둔다는 믿음이자 아직 오지 않은 미래에 대한 희망이었다. 그러므로 기록이 나아질 가능성이 사라진다는 것은 희망이 없어진다는 것과 다름없었다.

그 뒤로도 관성적으로 운동을 지속했지만 예전만큼 폴을 타러 가는 길이 즐겁지 않았고, 열의나 흥미도 훨씬 덜했다. 아직은 괜찮다고 해도 앞으로 점점 더 쇠락할 일만 남았다고 생각하니 아무래도 흥이 나질 않았다.

50년 세월이 응집된 댄서들의 움직임

그러다 마음에 변화의 계기가 찾아왔다. 우연히 한 동영상을 보게 되면서부터. 이탈리아로 출장을 떠났던 남편이 현지 밀롱가(탱고를 추는 장소)에 구경 갔다가 찍어온 것이었다.

흔히 '탱고'라고 하면 젊고 아름다운 여성(주로 스커트가 깊게 파인 붉은색 드레스를 입은)과 카리스마 있는 남성이 격렬하고 매혹적으로 움직이는 장면을 떠올리곤 한다. 나 역시 소셜 탱고를 10년 넘게 추었음에도 여전히 '탱고'라고 하면 포스터에 나올 법한 춤을 연상한다. 하지만 영상 속에서는 백발의 할머니와 할아버지가 짝을 지어 아주 느릿느릿 천천히 움직이고 있었다. 얼핏 스치면서 보면 춤을 추는 것인지 아닌지조차 모를 만큼 은은하고 조용한 움직임이었다.

남편의 말로는 밀롱가 참석자들의 평균 연령대가 꽤나 높은 편이었는데, 영상 속 주인공 커플은 그중에서도 고령이었다고 한다. 거동이 불편했고 심지어는 화장실에 오가기조차 힘들 정도였단다. 그런데 음악이 시작되자 그 커플이 벌떡 일어나 열심히 춤을 추기 시작했고, 그 모습이 너무 놀랍고도 감동적이어서 결국 영상으로 남기게 되었다고 남편은 이야기했다.

영상 속 커플을 바라보고 있노라니 여러모로 복합적인 감정이 올라왔다. 이제껏 함께 탱고를 추는 친구들 사이에서 가끔씩 농담처럼 "탱고는 나이 들어도 출 수 있다던데, 우리도 할머니, 할아버지 되어서까지 계속 추려나?" 같은 말을 주고받곤 했다. 하지만 그 말에 확신은 없었던 것 같다. 겪어보지 않았기에 잘 모르기도 하고, 한편으로는 취미 생활을 누리며 노후를 즐길 수 있다고 믿지 못했던 것 같기도 하다. 그런 와중에 영상 속에서 춤을 추는 백발의 커플을 보게 된 것이다. 두 분 다 탱고를 춘 지 50년 가까이 되었다던데, 그래서인지 그들의 춤에는 (시선을 사로잡는 매혹적이고 뇌쇄적인 동작은 없었지만 그걸 뛰어넘은) 묵묵한 열정과 은은한 끈기, 세월이 묻어 나오는 우아함이 깃들어 있었다.

그들 역시 50년 전부터 그처럼 느릿느릿 조용히 춤을 추진 않았을 것이다. 한때는 다른 사람들처럼 화려하고 격렬한 동작을 아무렇지 않게 구사하던 때도 있었을 것이다. 그러다 시간이 흐르면서 어느 순간부터 화려한 동작을 하면 몸에 무리가 온다는 사실을 깨달았을 것이다. 그렇게 크고 작은 부침을 경험했을 것이다. 그럼에도 탱고를 좋아하니까, 아직은 출 수 있으니까, 춤추는 방식을 바꾸면서, 변화하는 몸에 적응하면서 계속해서 춰왔을 것이다.

많은 사람들이 기준점을 자신의 가장 화려한 순간에 두곤 한다. 가장 건강했던 나, 가장 부유했던 나, 가장 젊었던 나, 가장 아름다웠던 나, 가장 뛰어났던 나, 가장 똑똑했던 나. 나 역시 다르지 않았다. 내게 기준점은 늘 가장 뛰어나고 훌륭했던 나였고, 그건 폴을 탈 때도 마찬가지였다. 가장 유연했을 때, 가장 힘이 셌을 때를 기준으로 스스로를 판단했고, 그에 미치지 못하면 스스로에게 실망했고,

화를 냈고, 다그쳤다. 하지만 그날 그들을 보면서 생각했다. 타인뿐 아니라 때로는 나 자신에 대해서도 비교와 경쟁을 멈출 필요가 있다고, 어제보다, 작년보다 더 뛰어난지 더 나아졌는지의 여부가 아니라, 현재 내가 처한 조건과 상황까지 고려해서 할 수 있는 만큼 했는지를 생각해야 한다고 말이다.

내가 언제까지 폴을 탈 수 있을지 잘 모르겠다. 당장 크게 부상이라도 입으면 바로 그만둘지도 모른다. 폴댄스는 탱고보다 훨씬 더 힘들고 격렬한 운동이니까. 그럼에도 현재 내게 하나의 소망이 있다면, 여건이 허락하는 한 오래도록 폴을 타고 싶다는 것이다. 오래오래 할머니가 될 때까지 이 운동을 계속하고 싶다. 그래서 폴을 타는 할머니가 되고 싶다. 물론 그때는 힘이나 유연성이 지금보다 훨씬 더 줄어들 테고, 할 수 있는 동작 자체가 손에 꼽을 정도로 적어질 것이다. 지금과는 비교도 안 되는 좌절과 낙담을 느끼게 될지도 모른다. 때로는 예전에 찍은 영상을 볼 때마다 아쉬움과 그리움과 쓸쓸함을 느끼기도 할 것이다. 하지만 그런 모든 감정과 달라지는 몸에 적응하면서 계속 폴을 타고 싶다. 그럴 수 있는 몸과 마음을 지니고 싶다. 그렇게 나이 들고 싶다.

TIP 평생 건강하게 운동하고 싶은 당신에게

• **휴식과 회복의 차이**

모든 운동에는 휴식이 필수입니다. 그래야 운동 효율도 올라가고 부상도 방지됩니다. 프로 선수들도 일주일에 최소 하루는 아무것도 하지 않는다고 합니다. 저 역시 부상을 여러 번 당한 이후로 몸이 지치거나 운동 능률이 떨어지면 무조건 쉽니다. 지치지 않았더라도 일주일에 하루 정도는 온전히 휴식합니다.

부상을 입었다면 회복이 우선입니다. 다 낫지 않은 상황에서 섣부르게 운동을 재개하면 당연히 운동 효율도 좋지 않고 추가 부상을 입을 확률이 높습니다. 폴댄스를 배운 초창기에 갈비뼈 골절을 입었을 때 한 달간 휴식하라는 의사의 권고를 무시하고 3주 만에 복귀했다가 부러진 갈비뼈에 무리가 왔습니다. 당연히 운동에 집중할 수도 없었죠. 적어도 부상 입었을 때만큼은 회복에만 마음을 쏟아야 합니다. 또 어느 정도 회복되고 난 뒤에는 컨디션에 따라 가벼운 산책이나 스트레칭을 병행하면 회복 속도가 높아집니다.

• 자존감 지키며 운동하는 법

운동을 하다 보면 남들에 비해 떨어지는 기록이나 성취에 낙담하기도 합니다. 저 역시 그럴 때마다 좌절하고 실망하곤 했습니다. 하지만 어느 순간부터는 그냥 넘기곤 합니다. '오늘은 잘 안 되네? 할 수 없지 뭐. 다음에는 잘되겠지.' 운동이 잘되는 날은 이런 나를 대견해하면서, 잘되지 않는 날은 그럼에도 끝까지 포기하지 않고 뭐라도 하려고 애쓰는 스스로를 대견해하면서요.

4부

다정하자,
모두 자신만의

                       무대에서 최선을
                       다하고 있으니

폴을 만난 뒤 새로 품게 된 목표 중 하나는
칭찬에 후한 사람이 되는 것이다.
누군가를 공들여 바라보면서
더 좋아진 점, 더 나아진 점, 더 예뻐진 점을
찾아내는 것이다. 너그러워지고 싶다.
타인에게나, 나 자신에게나.

잘한다, 잘한다
해야 잘한다

그날따라 마음이 바빴다. 수업이 끝나자마자 빨리 집으로 가 영상을 편집해 SNS에 업로드하고 싶었다.

모든 운동은 하는 데서 끝나지 않는다. 정확하고 제대로 된 동작을 구사하는 것이 중요하다. 잘못된 동작은 부상으로 이어지기 쉬우며 운동 효과 또한 제대로 거두기 어렵다. 이 때문에 많은 폴러가 자신의 운동하는 모습을 영상으로 촬영한다. 정확한 동작으로 폴을 타고 있는지 확인하는 것이다.

강사들 또한 회원들의 영상에 무척 신경을 쓴다. 수업이 끝날 무렵에 영상 촬영 시간을 따로 챙겨주고, 조명이며 배경이며 조력을 아끼지 않는다. 어느 각도에서 찍어야 영상이 잘 나오는지, 화면을 바라볼 때 표정과 시선은 어때야 하는지 등. 이에 더해 수업 이후까지 회원들의 영상을 보며 피드백을 남겨준다.

대부분의 폴댄스 강사가 회원들과 SNS 친구 관계를 맺는데, 다른 운동에서는 찾아보기 어려운 이런 특수성도 바로 이 '영상' 때문이다. 회원들이 수업 때 배운 동작을 자신의 인스타그램 계정에 영상으로 올리면, 그걸 본 강사가 때로는 칭찬을, 때로는 개선해야 할 부분을 꼼꼼하게 짚어준다. 일종의 숙제 검사다. 그렇다면 그날 그리도 급하게 SNS에 영상을 올리려 한 이유는 뭐냐고? 그야 간단하다. 자랑하고 싶었으니까. 칭찬 받고 싶었으니까.

칭찬 폭격기 강사의 돌고래 목소리

폴댄스 강사들은 칭찬에 매우 후하다. 체험 수업 날에는 두 손으로 폴에 매달리기만 했을 뿐인데 그야말로 칭찬 폭격을 받았다. "어머 회원님, 너어무 잘하신다! 너어무 멋지다!!!" "힘이 너무 좋으신 거 아니에요? 진짜 잘한다!" "너무 예뻐. 요정 같아요!!!" 눈에 하트를 가득 담은 채 연신 돌고래처럼 환호하던 강사 덕분에 처음에는 내가 폴댄스에 재능을 타고난 줄로만 알았다. 훗날 체험 수업을 받는 누구에게나 그런다는 사실을 알게 되었지만.

어쨌거나 요정 같다느니, 아름답다느니, 예쁘다느니, 평소에 대놓고 하기도 듣기도 어려운, 책에서나 보던 말을 두 귀로 들으니 민망하기도 하고, 쑥스러워 어찌할 바를 몰랐다. 그렇다고 기분이 나쁜 건 아니었다. 아니, 좋았다, 엄청. 어깨가 으쓱하고 뿌듯했다. 평범한 내게 누가 그런 말을 해준단 말인가. 남편도 안 해준다.

과거에 요가나 필라테스 등 그룹 수업에 참여해본 적이 몇 번 있었지만 그다지 칭찬을 들어본 기억은 없다. 애초에 스무 명 가까운 그룹 수업에서는 강사와 밀착하여 소통할 시간 자체가 없다. 중간중간 강사들이 동작을 교정해주기도 하지만 정적인 운동의 특성인지 대부분은 "좋아요" "좀 더 힘을 주세요" "유지하세요" 정도의 짧은 코멘트로 끝날 때가 많았다.

강사와 밀착하는 시간이 늘어난다고 해도 마찬가지

다. 웨이트 트레이닝을 전문으로 하는 개인 트레이너에게 1대 1 코칭도 받아보았으나 칭찬은커녕 채찍만이 넘쳐나는 시간에 가까웠다. 마치 지옥에서 올라온 케르베로스 같은 트레이너에게 "회원님, 아직 멀었어요! 할 수 있어요! 여기서 포기할 겁니까! 이렇게 나약하면 안 돼요!" 같은 말을 듣고 있을 때면 '넌 오늘 무조건 목표량을 채워야 해! 못하면 집에 못 갈 줄 알아!!!' 같은 환청이 들리면서 지금 내가 운동을 하는 건지 해병대 캠프에서 훈련하는 건지 정신이 혼미해지는 순간이 많았다.

폴댄스는 달랐다. 체험 수업 때 쏟아지던 칭찬 세례는 이후에도 계속되었다. 배운 기술을 제대로 따라 하면 잘한다고 칭찬해주고, 못하면 노력이 가상하다고 칭찬해주었다. 누가 봐도 이상하고 뻣뻣하게 폴에 매달려 있을 때에도 환호가 들려왔고, 고통을 못 이겨 얼굴을 잔뜩 일그러트리고 있을 때조차 너무 예쁘다는 말이 되돌아왔다. 진짜로 잘하고 예뻐서 그런 것 아니냐고? 그럴 리가. 나는 운동신경도, 근력도, 힘도, 유연성도 아무리 잘 봐줘봤자 고작 평균 수준의, 어쩌면 평균에도 못 미치는 평범한 사람일 뿐이다. 설령 잘했다고 한들, 전문 강사들의 눈에는 어린아이의 흉내처럼 보였을 것이다.

그들은 도저히 잘 봐줄 만한 구석이 요만큼도 없을 것 같은 순간에도 칭찬할 만한 포인트를 기가 막히게 찾아냈다. 디테일이 약할 때는 전보다 좋아졌다고 격려해주었고, 성공하면 마치 자신이 해낸 것마냥 두 발을 구르며 함께 기뻐해주었다. 심지어 기술을 성공시키지 못했을 때는 그날 입은 운동복이라도 잘 어울린다고 칭찬해주었다.

  지속적으로 칭찬 세례를 받다 보니 신기한 일이 일어났다. 수업이 즐거워지면서 수업 중에 나도 모르게 강사의 칭찬을 기다리게 된 것이다. 왠지 어려워 보이고 힘들 것 같았던 동작도 강사의 칭찬을 들으면 해낼 수 있었고, 한 번 더 힘을 내 도전할 수 있었다. 기술에 실패해 속상하고 힘들었을 때도 강사의 칭찬을 들으면 위로가 되었고, 연달아 실패하던 기술을 마침내 성공했을 때는 다른 누구보다도 강사에게 제일 먼저 달려가 소식을 알리고 싶었다.

  그날 귀갓길에 마음이 그토록 바빴던 이유 또한 바로 그 때문이었다. 그동안 아무리 해도 안 되던 동작을 마침내 성공했고, 조금이라도 빨리 그 소식을 알리고 싶었다. "선생님, 이것 좀 보세요! 말씀하신 대로 연습했더니 정말로 되었어요!" 어린이도 아니고 이 나이 먹고서 나를 좀 봐달라고, 잘했다고 칭찬해달라고 호들갑을 떤다는 게 조금 부끄럽고 민망하기도 하지만 사실이 그러했다. 내가 느낀 감격과 기쁨을 전하고 싶었고, 잘했다고 칭찬을 듣고 싶었다.

무한한 격려가 미치는 놀라운 영향

사실 개인적으로는 칭찬에 그다지 후한 사람이 아니다. 친구들에게도, 가족들에게도, 글쓰기 강의에서 수강생들에게 피드백할 때도. 칭찬하기가 쑥스럽기도 했고, 입에 발린 뻔한 말이나 영혼이라곤 조금도 담겨 있지 않은 빈말을 해서 무엇하나 싶었다. 듣는 입장에서 잠깐 기분이 좋을 수는 있겠지만 실질적인 효과가 없을 뿐더러 가식이자 거짓이라고, 장기적으로는 오히려 해롭다고 생각했다. 같은 이유로 아이들을 양육하는 과정에서도 칭찬보다는 야단을 치는 경우가 더 잦았다. 당근보다는 채찍형 엄마가 아이들의 성장에 도움이 된다고 믿었다. 연인이나 친구에게도 다정한 마음을 감추고 조금은 냉정하고 딱딱하게 대하곤 했다. 심지어는 SNS를 할 때조차도 그랬다.

SNS에서 유독 반복되는 유형의 게시물이 몇 가지 있

다. 셀카나 음식, 배우자, 자녀의 사진이나 에피소드. 평소에 누가 보더라도 뻔히 칭찬이나 찬사를 바라고 올린 게시물에 거의 반응하지 않았다. 간혹 정말로 마음에서 감탄이 우러나오는 경우에는 댓글도 달고 '좋아요'도 눌렀지만 대개는 그저 지나쳤다. 너무 많이 보정한 티가 나는 사진들은 그다지 아름답지 않아 보였고, 대놓고 칭찬을 갈구하는 이야기들에는 큰 감흥이 없었다. 배우자나 자녀의 사진과 이야기도 자주 접하다 보니 지겹고 지루했다. 그렇다 보니 남들처럼 예쁘다느니, 좋겠다느니, 멋지다느니, 대단하다느니 하는 말이 잘 나오지 않았다.

하지만 폴댄스 수업에서 무한한 칭찬이 내게 미치는 영향을 몸소 경험하면서 비로소 깨우쳤다. 빈말일지언정, 입에 발린 뻔한 거짓말일지언정 칭찬은 긍정적인 영향이 훨씬 더 크다는 사실을. 듣는 사람에게 동기를 부여하고, 성장의 원동력이 되고, 행복의 원천이 되며, 궁극적으로 희망과 용기의 근원으로 작용할 수 있다는 걸 말이다.

강사가 그간 내게 해주었던 칭찬들 역시 모두 '진심'이라고 할 수는 없을 것이다. 수업 첫날만 하더라도 그렇다. 폴에 매달려 있는 것만으로도 버거워 부들부들 떨고 있는 모습이 뭐 그리 보기 좋다고 연신 아름답다는, 요정 같다는, 멋지다는, 예쁘다는 말을 퍼부었겠는가. 그저 포기하지 않고 끝까지, 더 열심히 할 수 있도록 앞날을 격려하는 차원이었을 것이다. 마치 아기를 응원하는 것처럼 말이다. 대개 아기들에게는 밥만 잘 먹어도, 잠만 잘 자도, 웃기만 해도, 무언가를 손에 쥐기만 해도 잘한다, 예쁘다고 칭찬을 퍼붓는다.

나 역시 아이들이 아기이던 시절에는 아주 작은 일에도 손뼉을 치며 엄청나게 기뻐하곤 했다. 몸을 처음 뒤집었을 때, 앉았을 때, 기었을 때, 기둥을 붙잡고 섰을 때, 마침내 첫발을 떼서 걸음마를 했을 때. 아기들은 낯설고 두려운, 이전에 해보지 못했던 경험을 하나씩 하는 동안, 칭찬과 격려를 받으면서 용기를 얻고 두려움을 극복한다. 무조건적으로 응원해주고 칭찬해주는 존재가 있다는, 그런 누군가가 자신을 보호해주고 지켜봐준다는 사실을 깨달으면서 조금씩 자란다.

게다가 이러한 모든 칭찬이 '진심'이 아니라고만 할 수도 없다. 이미 걸음을 넘어 뜀박질까지 하는, 성인인 내게 아무도 잘 걷는다는 칭찬을 하지 않을 것이다. 아기는 다르다. 이제껏 눕거나 기기만 하던 아이가 누군가의 도움 없이 혼자 힘으로 선다는 것, 두 발로 걷는다는 것, 그렇게 홀로 힘으로 살아갈 수 있는 존재로 조금씩 자라난다는 것에는 엄청난 의미가 있고, 실로 감격하고 기뻐할 만한 일이다. 나 또한 걸음마를 내딛은 아이들을 향해 손뼉을 치던 그 순간에 실제로도 기쁘고 대견하다고 느끼지 않았던가. 마찬가지로 폴댄스 강사들이 회원들의 어설프고 부족한 폴링에도 무조건적인 칭찬과 격려를 보내는 데에는, 부모가 어린아이의 성장을 지켜보는 것 같은 관대함과 따뜻함이 깃들어 있었다.

우리 사회는 잘못했을 때 호되게 혼내는 것에는 익숙하지만, 상대적으로 잘했을 때 칭찬하는 경우는 드물다. 완벽을 선호하고 성과를 강조하는 한국 사회에서 무언가를 잘하는 것은 당연하고, 못하는 것은 혼날 일이었으니까. 나 역시 이전까지는 살면서 칭찬을 들은 경우가 거의 없었던 것 같다. 특히나 성인이 되어서는 더욱더.

주변에 골프나 테니스 등 운동을 새로 배우기 시작한 많은 사람들이 운동의 좋은 점 중 하나로 '칭찬을 많이 들을 수 있어서'를 꼽았다. 무조건적인 칭찬과 응원 덕분에 더 열심히 하게 되더라고 말이다. 자신을 지켜보고 응원해주는 이를 기쁘게 해주고 싶은 마음에 더 노력하고 애쓰는 것은 누구나 다 똑같은 모양이다.

그런 의미에서 폴을 만난 뒤 새로 품게 된 목표 중 하나는 칭찬에 후한 사람이 되는 것이다. 쑥스럽다는 핑계로, 입에 발린 말은 하고 싶지 않다는 핑계로, 가식적이라는 핑계로 저 멀리 치워두거나 미뤄두거나 생략했던 말을 사람들에게 해주고 싶다. 예쁘다고, 잘했다고, 멋지다고, 대단하다고. 단순히 빈말에서 그치지 않고 부모가 아이를 지켜보듯 누군가를 공들여 바라보면서 더 좋아진 점, 더 나아진 점, 더 예뻐진 점을 찾아내는 것이다. 부드러운 눈과 입을 가지고 싶다. 더 너그러워지고 싶다. 타인에게나, 나 자신에게나.

누구에게나 무대가 필요하다

"이제 승혜 님 차례예요. 얼른 찍으세요."

폴댄스 수업에서는 대개 폴 하나를 골라 주변 배경을 깨끗하게 정리하고 카메라를 세팅한 뒤 한 명씩 나와 차례대로 영상을 찍는다. 일명 영상 존zone, 일종의 무대를 만드는 것이다. 영상 존을 마련한 뒤에는 그때그때 어울리는 음악을 선곡하기도 하고 조명이나 인테리어 등 다양한 옵션을 가감하기도 한다. 폴링과는 크게 상관없을지 모르지만 보기 좋은 떡이 먹기도 좋다고, 기왕이면 음악과 조명도 함께 신경 쓰면 더 멋져 보일 테니까.

그렇게 어김없이 영상 타임이 돌아왔지만 그날은 커다란 추라도 달고 있는 것마냥, 발에 딱풀이라도 바른 것마냥 영상 존으로 향하는 발걸음이 천근만근이었다. 손도 다른 날보다 더 미끄러운 것 같았고, 기술 또한 평소에 어려워하는 골반을 활용해야 하는 동작인지라 쉽게 되지 않았다. 그러니 하기 싫을 수밖에.

성공을 확신해도 긴장되는 마당에 모두가 바라보는 가운데 실패를 예감하면서 하려니 영 내키지가 않았다. 수업 시간에 강사의 도움을 받아도 성공하지 못했는데 과연 될까. "아, 오늘은 시도해도 어차피 못할 거 같은데 그냥 안 찍으면 안 돼요?" 투정을 부리며 징징거려 보았지만 강사는 무슨 소리냐는 듯 눈을 동그랗게 뜨며 말했다. "안 돼요. 찍어야죠! 할 수 있다! 분명 될 거예요. 영상 버프가 있잖아요?"

'버프'는 온라인 게임 용어로, 캐릭터의 기본 능력치를 일시적으로 증가시켜주는 모든 효과 내지는 스킬을 의미한다. 여기에서 따온 표현인 영상 버프는 잘 안 되던 기술을 촬영할 때 기적처럼 성공시키는 경우를 말한다. 강사의 독려는 바로 그런 의미였다.

어쩔 수 없이 비척비척 일어나 영상 존으로 향했다. 마음은 여전히 무거웠다. 그렇다고 달리 방법도 없으므로 수건으로 축축한 손발만 괜히 닦아보았다.

영상 버프 먹은 날

폴댄스를 배우면서 적응하기 어려웠던 문화 중의 하나가 바로 이 영상 촬영이다. 동작이 정확한지 체크하기 위해 영상을 남기는 것까지는 납득할 수 있었지만 문제는 그다음부터였다. 남들이 지켜보는 것이 영 어색했다. 가뜩이나 '지금부터 시작한다'고 생각하는 것만으로도 어깨와 목에 힘이 잔뜩 들어가 경직되곤 했는데, 거기에 지켜보는 눈까지 추가된다니. 그야말로 긴장감이 극도로 높아질 수밖에 없는 상황이었다. 손과 발에서는 땀이 줄줄 흘러내리고, 본래도 어색하던 동작은 더욱 로봇처럼 변하고, 그렇게 버벅거리다 보면 순서를 까먹거나 폴에서 미끄러지기 일쑤였다.

이러한 이유로 폴을 배우던 초창기에는 수업이 끝난 후 남들이 보지 않는 구석에서 몰래 그날 배운 동작들을 영상으로 찍었다. 다른 회원들이나 강사가 혼자 있지 말고 영상 존으로 오라고 권유할 때면 손사래를 쳤다. 혹여 계속 부를까 봐 일부러 영상 존에 시선이 집중된 타이밍을 노려 같이 시작하기도 했다. 그럼 아무도 나를 신경 쓰지 않을 테니까.

하지만 인간은 적응의 생물이라던가. 시간이 흐르다 보니 수줍음과 부끄러움이 많은 나에게도 점차 욕심이 생겼다. 영상을 찍을 때마다 자꾸 왔다갔다 지나가는 다른 이들의 모습도 신경 쓰였고, 때로 아주 어렵게 성공한 기술을 지나가던 회원의 엉덩이가 정면으로 딱 가려버릴 때면 짜증이 일기도 했다. 더불어 지저분하고 어두운 구석이 아니라 조명과 배경을 예쁘게 세팅해둔 영상 존에서 멋진 영상을 남기고픈 마음이 스멀스멀 올라왔다. 남들에게 자랑하고 싶은 마음 역시 한몫했다. 요즘 이런 걸 배운다고 보여주고 싶은데, 그러려면 뭔가 '그럴 듯한' 결과물이 있어야 하니까.

이런 상황이 반복되다 보니 몇 번의 계절이 지나가는 동안 자연스레 구석에서 점차 무대 쪽으로, 영상 존 쪽으로 나오게 되었다. 그러면서 인정할 수밖에 없었다, 영상 버프가 정말로 존재한다는 걸. 영상 존에 설 때면 나도 모르게 숨어 있던 괴력이 솟아나는 순간을, 혼자서는 아무리 해도 안 되어서 나를 짜증나게 하고 좌절시키던 기술을 귀신같이 성공하는 순간을 여러 번 경험했기 때문이다. 그때의 희열은 차마 말로 다 표현할 수 없다. 손쉽게 성공했을 때보다 훨씬 더 큰 기쁨과 자신감이 솟아난다. 그런 날이면 종일 행복에 취해 둥둥 떠다니곤 했다. 결국 어느 시점부터는 나 역시 다른 회원들처럼 영상 존 근처에 둘러앉아 순서를 기다리다가 촬영하는 것이 일상이 되었다.

나를 내 세계의 주인공으로 만들어준 무대

때로 궁금했다. 왜 유독 영상을 찍을 때만 '괴력'이 솟아나는 걸까? 도저히 무리라고 생각했던 동작이 그때는 왜 되는 걸까? 가슴속에 막연한 의문을 품고 지내던 어느 날 문득 깨달음이 왔다. 어쩌면 그건 바로 '주인공'이 된 느낌 때문일 수도 있겠다고.

미국 작가 비비언 고닉은 일찍이 "아무도 지켜보지 않지만 모두가 공연을 한다"고 말한 바 있다. 누구나 인생이라는 무대에서 마치 공연하듯 매 순간순간을 살아간다는 것이다. 하지만 이상과 달리 실제로는 자기 삶에서조차 주인공이기 쉽지 않다. 가끔 조연이라도 되면 다행이랄까. 우리 일상의 대부분은 엑스트라나 단역 같은 시간 속에서 지나간다. 행인 1, 옆집 사람 3, 시장 상인 2, 지하철 승객 5로서 이어지는 삶.

폴댄스 영상에서는 다르다. 모두가 지켜보는 가운데 영상을 찍는 그 순간만큼은 적어도 진정한 의미의 주인공이다. 자신만을 위해 준비된 무대, 그에 맞추어 흘러나오는 배경음악, 지켜보는 수많은 눈동자들. 모두가 숨을 죽이고 영상 존에 선 사람을 바라본다. 기술을 제대로 잘해내는지, 얼마나 아름답게 표현하는지. 멋지게 해내면 환호로 응원하고, 실수에는 안타까운 탄식과 박수로 격려한다. 사람은 상호작용의 동물이다. 누군가가 나에게 집중하면 자연스레 나도 집중하게 된다. 그렇게 응원과 격려 속에서 최선을 다해 최대의 집중력을 발휘하다 보면, 어느 틈에 자기도 모르게 초인적인 힘이 솟아나는지도 모른다.

물론 인생이 그러하듯 무대 위의 공연이 매번 성공으로 이어지는 것만은 아니다. 아무리 도파민과 아드레날린이 솟아난다고 한들, 관객의 응원과 격려가 뒷받침된다고 한들 실패는 일어날 수밖에 없다. 널리 알리고 자랑해야 마땅한 성공과 달리 실패는 그 자체로 괴롭고 고통스럽다. 동시에 창피하고 부끄럽기에 다들 숨기기에 급급하다. 폴을 배우던 초창기에 내가 아무도 안 보는 구석에서 혼자 연습했던 것 역시 그와 같은 이유였다. 내 못난 모습을 남들에게 들키고 싶지 않았기에, 실패하는 순간을 목격 당하고 싶지 않았기에.

폴을 타면서 깨달았다. 실은 실패하는 그 순간조차 관객이 있는 편이 더 낫다는 걸 말이다. 다른 사람에게 실패하는 장면을 들키고 싶지 않았던 까닭은 혹시라도 나를 비웃거나 무시할지 모른다는 두려움 때문이었다. 그 때문에 다른 사람들 앞에 설 때면 늘 긴장되고 땀이 났다. 실제는 달랐다. 오히려 잘 안 되어 힘들어할 때면 괜찮다고, 잘할 수 있을 거라고 위로를 받았고, 무엇이 문제인지 함께 분석하고 파악하는 과정에서 실질적인 도움을 얻을 때가 훨씬 더 많았다. 그렇게 실패해도 괜찮다고 생각하게 되면서, 설령 실패하더라도 아무도 나를 비웃지 않는다는 걸 깨우치면서 고질병이었던 긴장과 수줍음 역시 많이 완화되었다. 영상 존이라는 '무대'에 반복적으로 서는 경험 없이는 몰랐을 사실들이다.

조명이 꺼지고 드디어 시작된 나의 폴링. 멀리서 강사

와 다른 회원들의 목소리가 들려왔다. "침착하게!" "집중해서 천천히~!" 그 목소리에 의지하면서 크게 심호흡한 뒤 천천히 그날 수업 내내 헤매던 기술을 시도했다. 셋, 둘, 하나, 짠! 이럴 수가. 다시금 기적이라도 일어난 걸까. 그토록 안 되던 기술을 갑자기 성공시켰다. 얼떨떨해하고 있는데 등 뒤로 엄청난 환호성이 들려왔다. 실패를 거듭하며 힘들어하던 모습을 보았기 때문인지 응원 소리는 더욱 거셌고, 다들 자기 일처럼 진심으로 기뻐해주었다. 그 소리를 들으니 나도 모르게 눈가에 눈물이 맺혔다.

"그거 봐요, 승혜 님! 제가 할 수 있다고 그랬죠!!! 너무 잘했어요!"

폴에서 내려와 강사와 두 손을 마주 잡고 발을 동동거리며 기뻐한 뒤 다른 회원들의 한쪽에 자리를 잡았다. 무대에서 내려와 객석으로 돌아가는 시간이다. 영상 존에는 다음 순서인 회원이 대기 중이었다. 여전히 가슴속에 남아있는 성공의 흥분과 기쁨을 간직한 채, 그렇게 나는 다음 무대를 위한 관객이 되었다. 집중해서 바라보고, 감탄하고, 탄식하고, 기뻐하고, 아쉬워하며, 다시금 돌아올 나의 무대를 기다리면서.

노키즈존 아닌 위드키즈존

당근마켓은 중고거래 어플이지만 아르바이트생이나 직원 구인 메뉴도 존재한다. 여기에 자수 올라오는 항목 중 하나가 바로 반려동물이나 아이를 돌보는 일이다. "치와와 사흘만 돌보아주실 분" "주 3회, 세 시간씩 24개월 된 아기 봐주실 분" "아이 등하원 시켜주실 분(평일만)" 등. 공고를 올린 당사자들은 지금쯤 얼마나 속이 탈까 싶은 동시에, 요즘은 이렇게나마 돌봄에 필요한 인력을 구할 수 있게 되어 다행이라는 생각도 든다.

나의 경우에는 일가친척 모두 타지에 사는 까닭에 육아에서 의지하거나 기댈 만한 사람이 전혀 없었다. 부엌칼에 손가락을 크게 베여 한동안 손을 못 쓴다든지, 독감으로 앓아눕는 등 피치 못할 사정이라도 생기면 그야말로 큰일이었다. 남편이 며칠 휴가를 내거나 멀리 계신 양가 부모 중 한 분이 하루이틀 다녀가서 어찌저찌 고비를 넘겼지만, 그때마다 참으로 막막하고 힘들었다.

당연히 운동은 꿈도 꿀 수 없었다. 비단 운동뿐 아니라 어딘가에 주기적으로, 고정적으로 다니는 것 자체가 불가능했다. 운전면허 또한 간신히 땄다. 새벽 네 시 반 알람에 맞추어 일어나고, 네 시 50분행 운전학원 셔틀버스를 타고, 운전학원에서 수업을 들은 뒤 아침 여덟 시쯤 집으로 돌아와 출근하는 남편과 교대했다. 돌이켜봐도 정말이지 숨이 막혀오는 일정이다.

아이를 들쳐 업고 수업에 간 사연

아이들이 기관에 다니기 시작하면서부터는 상황이 조금 나아졌다. 단 몇 시간 맡기는 것뿐이었지만 그 덕에 일도 하고, 급한 용무도 처리하고, 간간이 운동도 하며 지낼 수 있었다. 그럼에도 여전히 돌발 상황이 발생했다. 특히 방학에는 아이들이 온종일 집에 있었다. 물론 아이들이 어느 정도 자랐기에 영유아기 때처럼 한시도 눈을 뗄 수 없는 지경까진 아니었지만, 집에 매여 있는 신세인 건 똑같았다. 외출도, 작업도, 운동도, 때론 출근조차 모두 어려워졌다. 많은 양육자가 '방학'이란 두 글자를 두려워하는 이유다.

그나마 프리랜서인 나는 시간을 유동적으로 사용할 수 있으므로 양호한 축이다. 방학이 시작되거나 사정상 아이들이 집에 머무는 날이면 주로 낮에 참여하던 폴댄스 수업을 저녁 시간대로 바꾸었다. 퇴근한 남편이 집으로 돌아오면 교대가 가능했기 때문이다. 하지만 이 역시 남편의 출장이나 미팅 같은 변수를 만나기 마련이었다. 얼마 전에도 그러했다. 남편에게 갑삭스레 회식이 잡힌 것이다. 예약해둔 수업은 이미 취소 가능한 시간이 지나버렸고, 남편은 밤늦게까지 집에 없을 예정이며, 첫째는 학원에 있다지만 내가 자리를 비운다면 둘째가 집에 홀로 남는데 어쩐다….

고심 끝에 아이와 학원에 같이 가기로 했다. 수업 시간 동안 아이에게 얌전히 탈의실에서 기다리라고 할 생각이었다. "네가 좋아하는 간식도 먹고 아까 보다가 만 동영상도 마저 보면서 엄마 수업이 끝날 때까지만 기다려줘. 다 끝나면 맛있는 거 사줄게. 잠깐만 기다리면 돼." 가는 길에 아이에게 몇 번이나 당부하면서도 머릿속이 복잡했다. 이게 맞는지, 이래도 되는지 저어하는 마음. 학원에서 싫어하지는 않을까, 다른 회원들에게 폐를 끼치진 않을까, 왜 운동하는 곳까지 애를 데리고 왔냐고 욕먹는 건 아닐까 하는 생각으로 마음이 편치 않았다. 정 안 되면 집으로 돌아와야겠다고 마음을 달래며 학원으로 향했다.

하지만 막상 도착하자 걱정과 달리 다들 무척이나 반겨주었다. 내 등 뒤에서 모습을 드러낸 아이를 보고 깜짝 놀라긴 했으나 싫은 내색은 전혀 없었다. 한 회원은 아이를 탈의실에 두겠다는 내 계획을 듣더니 "낯선 곳에 혼자 있으면 얼마나 심심하고 무섭겠느냐"며 손수 그곳에서 아이를 데리고 나왔다. 강사와 다른 회원들도 아이에게 간식을 쥐어주거나 말을 붙여주고, 아이가 주눅 들거나 엄마인 내가 위축되지 않도록 최대한 신경 써주었다. 몇몇은 같은 양육자라 상황을 이해해주나 싶었지만, 아이가 없는 이들도 크게 다르지 않았다. 그들의 배려와 도움 덕분에 수업을 무사히 끝마칠 수 있었고, 예상치 못한 환대 덕분에 집에 가는 내내 기쁨과 고마움으로 마음이 가득 찼다.

누구도 배척하지 않는 문화적 토양

어떤 사람들은 '그냥 집에서 쉬지 거기까지 아이를 데려가 운동해야만 하느냐'고 물을지도 모르겠다. 그 말도 일리가 있다. 하지만 살다 보면 피치 못할, 어쩔 수 없는, 부득이한 사정이 생기게 마련이다. 특히나 아이를 기르다 보면 더하다. 아이로 인해 할 수 없게 되는 것들이, 아이를 위해 참고 넘어가야 하는 것들이 잔뜩 생긴다.

물론 이 세상 누구도 원한다고 해서 모두 할 수도, 모두 가질 수도 없는 노릇이다. 이 또한 아이를 낳기로 결정한 이상 어느 정도는 감수해야 한다. 하지만 이러한 모든 순간을 '어쩔 수 없다'는 이유로 배제하다 보면 결과적으로 삶의 범위가 한껏 축소되고 만다. 아이를 낳기 전과 후의 삶이 완전히 단절돼버린다. 아이를 낳고 기르는 것을 오직 '희생'뿐이라고 생각하게 된다. 최근의 출생률 저하에는 아마 이와 같은 희생을 더는 감당하고 싶지 않다는 마음도 영향을 미쳤을 것이다.

오래전 어느 영화관에서 '엄마랑 아이랑' 상영관을 따로 만들어 운영했던 적이 있다. 해당 상영관에서는 양육자가 24개월 미만의 영아를 아기 띠로 메고 함께 영화를 감상할 수 있었다. 당시 내 아이들은 이미 두 돌을 지난 터라 참여하지 못했으나 몹시 반기고 고무할 만한 아이디어라고, 엄마들의 폭발적인 관심과 호응이 있을 만하다고 생각했다. 나 또한 아기들이 어릴 때 영화 한 편이 너무나도 그리웠지만 아기를 맡길 곳도 없고, 조용해야 할 영화관에 언제 울음을 터뜨릴지 모르는 아기를 데려갈 수도 없는 노릇인지라 결국 포기할 수밖에 없었기 때문이다.

이벤트 당시 영화관은 아기를 동반한 엄마들로 꽉 찼다고 들었다. 아기와 함께하는 공간답게 몹시 소란스러웠고, 당연히 영화에는 집중하기 어려운 분위기였다고 한다. 하지만 경험한 사람들의 만족도는 상당했다. 아마 그날의 관객에게 영화를 제대로 감상할 수 있었는지 여부는 큰 상관이 없었을 것이다. 단지 출산 이후에는 발 들이는 꿈도 꿀 수 없었던 곳에 아기와 함께 왔다는 사실 자체로도 크게 기쁘고 만족스러웠을 것이다.

나 역시 마찬가지였다. 아이를 폴댄스 학원에 데려가니 당연히 평상시보다 운동에 집중하기 어려웠다. 한편으로는 아이가 화장실에 가고 싶어 한다거나, 목이 마르다거나, 너무 춥고 힘들다거나 그 외의 요구사항이 없는지 살펴야 하고, 다른 한편으로는 아이가 다른 회원들을 방해하거나 성가시게 굴진 않는지 신경 쓰느라 집중력도 떨어졌다. 하지만 아기띠를 메고 영화관에 갔던 엄마들처럼, 나 역시 그렇게라도 내 삶을 유지할 수 있다는 사실이 더없이 좋았다. 한편으로는 안심이 되기도 했다. 만약 또 피치 못할 사정이 생긴다 해도 차선책이 있다는 사실을 알게 되었기 때문이다. 삶의 가능성이 하나 더 열리는 기분이었다.

그날 학원에서 구성원들의 환대가 배려가 있는 한, 아이가 있다 해서 삶의 범위가 쪼그라들지만은 않을 수 있다는 것을 배웠다. 그러고 보니 남편으로부터 해외 학회에서는 어린 아기를 동반하는 경우가 많다는 이야기를 들은 적이 있다. 자신의 차례가 되면 안고 있던 아기를 옆 사람에게 맡기고 발표 단상에 오르기도 하고, 때로는 수유도 한단다. 아이와 함께하더라도 다들 그러려니 한다고. 남편은 자신 또한 처음에는 낯선 풍경에 당황했지만 이제는 크게 신경 쓰지 않는다고 말했다. 바닥으로 수렴한 출생률을 높이는 데에는 '아이 출생 하나당 출산장려금 얼마씩 지원하겠다' '출산 가산점제를 도입하겠다'는 약속이 아니라, 바로 이러한 사회적 분위기가 필요한 게 아닐까? 아이를 데리고 다녀도 좋다는, 아이가 출생한 후에도 양육자의 삶은 여전히 지속된다는, 아이가 있더라도 삶의 범위가 제한

되지 않을 수 있다는 믿음. 하지 않는 것과 할 수 없는 것은 다르다. 어떤 '가능성'이 존재한다는 사실만으로도, 사람의 마음은 한결 편안해진다.

뒤늦게 맞이한 사회성 훈련

속칭 MZ세대들은 존댓말과 반말을 별로 구분하지 않는다고 한다. 마치 남의 이야기처럼 적는 까닭은 출생년도상 MZ세대이지만 2000년대생이 벌써 성인이라는 사실을 깨우칠 때마다 깜짝 놀라는 입장에서 그들과 같은 문화를 공유한다고 보기 어렵기 때문이다. 다른 운동에 비해 상대적으로 젊은 여성의 비율이 높은 폴댄스를 취미로 삼으면서 본의 아니게 MZ 관련 각종 '썰'을 체감하는 경우가 종종 있었는데, 존댓말과 반말 구분도 그중 하나다.

어떤 활동이든 석 달 이상 꾸준히 하다 보면 동 시간대에 만나는 사람들이 대략 눈에 익기 마련이다. 덕분에 통성명하지 않았음에도 어느새 내적 친밀감과 반가움을 느끼는 얼굴들이 생겨났다. '아, 저분은 화요일마다 오시는구나.' '어라? 오늘은 ○○ 님이 안 오셨네?' 다른 회원들도 나를 보고선 종종 말을 붙이고 친근하게 인사를 건네왔다. 다만 다짜고짜 반말을 하는 경우가 많았다.

이를테면 "○○ 님, 이건 어떻게 하는 건가요?" 하고 물으면, "아, 이건 당기는 힘이 중요해. 할 수 있을 것 같은데? 워낙 힘이 좋잖아" 같은 대답이 돌아오는 식. 그럴 때마다 내심 흠칫 놀랐지만 대개는 아무렇지 않은 척 넘어가곤 했다. 기분 나쁘다고 한들 달리 뾰족한 방법이 있는 것도 아니니까. 유치하게 "야, 너 왜 반말이야!"라고 따져 물을 수도 없고, "반말하지 마십시오"라고 엄숙하게 경고하기도 뭐하고, 그렇다고 같이 편하게 반말을 주고받기에는 내가 너무 불편하고. 서로의 나이를 공개하면 간단하겠지만 '나이주의'에 반대한다고 호기롭게 칼럼도 쓰고 책도 펴낸 입장에서 한 입으로 두말하기도 껄끄러웠다. 좀 더 속내를 밝히자면 한참 어린 듯한 이들과 동년배로 보였나 싶어 오히려 좋았던 것도 사실이다.

나이 대신 고독을 택하다

'나이주의'란 나이에 따라 상대를 부르는 호칭이 달라지는 한국 특유의 관습을 의미한다. 한국어 사용자들은 형, 언니, 누나, 오빠, 동생 등 호칭을 정하기 위해 으레 첫 만남에 서로의 나이를 묻기 마련이다. 오래전부터 이게 영 거북했다. 가족도 아닌데 가족 호칭을 사용한다는 친밀감이 부담스러웠고, 그 뒤에 미묘하게 녹아 있는 위계와 서열은 불편했다. 물론 대학생 때부터 알고 지내 이미 관계를 재설정하기 어려운 경우에는 어쩔 수 없었지만, 부득이한 상황이 아닌 한 늘 '○○ 님'으로 호칭을 통일했다. 사회생활을 시작한 이후로 만난 이들, 특히 책을 내고 작가로서 알게 된 이들에게는 거의 예외 없이 존칭을 사용하며 적당한 거리를 유지했다.

때로는 섭섭해하는 사람도 있었고(서먹서먹하게 '님'이 뭐야, 그냥 언니라고 불러! 왜 너는 언니/오빠라고 안 해?) 금세 서로 친해지는 다른 사람들과 달리 혼자서만 어색해질 때도 많았지만 크게 개의치 않았다. 경험상 서로를 가족처럼 친밀하게 대하다가 생겨나는 필연적인 한계가 있다고 생각했기 때문이다. 결국은 각자의 공간을 침범하게 되고,

자연히 나이주의가 낳은 악습에 묶인다.

게다가 나이와 학력 같은 정보는 특정한 편견이나 선입견을 줄 수 있으니 질문 받지 않는 이상 먼저 이야기할 필요가 없다고 생각했다. 이미 친해져 따로 만나 밥도 먹고, 운동하다가도 여유 시간마다 삼삼오오 모이는 다른 회원들 사이에서 홀로 '승혜 님'으로 남아 있는 것이 외딴섬처럼 느껴지곤 했지만 상관없었다. 어차피 홀로 사는 인생, 독립된 개인으로서 지내는 것이 더 중요하다고 생각했으니까.

어쩌면 처음부터 폴댄스에 그토록 빠져들게 된 것 또한 이러한 연유였을지 모른다. 폴은 폴과 매트로 이루어진 자기만의 동그란 영역 안에서 하는 운동이다. 몸으로 여러 가지 동작을 아름답게 구현하는 것도 재미있었지만 온전히 홀로 하는 운동이라는 사실이 좋았다. 폴을 탈 때면 그 누구와도 피해를 주고받을 일 없이 내게 주어진 몫을 제대로 해내고 있는 것 같아서 뿌듯했다.

그러고 보니 달리기나 수영처럼, 어릴 적부터 흥미를 느꼈던 운동들 역시 모두 혼자 하는 것이었다. 폴댄스는 그중에서도 더 특별했다. 나 자신의 무게를 짊어진다는 것, 누구도 대신해주지 않는다는 사실이 그토록 매력적일 수 없었다. 힘들고 버겁기도 했으나 한편으로는 만족스럽고 자랑스러웠다. 나는 지금 스스로의 무게를 온전히 감당하고 있어!

하지만 이런 '섬'과 같은 나날이 그리 오래 지속되진 않았다. 어느 날 운동이 끝나고 회원들 여럿이 우르르 몰려오더니 다음의 질문을 던진 것이다. "그런데 몇 살이야?" 아무리 세대가 다르다고 한들 한국은 역시나 한국. 윗세대들처럼 첫 만남에서 다짜고짜 호구조사를 하지는 않았지만 MZ라고 한국인이 아닐 리 없었다. 아마도 오래 보다 보니 궁금증을 참을 수 없었던 모양이다. 이렇게 된 이상 말해주는 수밖에. 먼저 묻지는 않더라도 물어오는 질문에는 답해주는 것이 인지상정.

예상한 것처럼 내 대답을 들은 회원들의 눈이 동그래졌다. 그 모습을 보면서 내심 즐거웠던 것도 사실이다. '잘 모르고 편하게 대하더니 깜짝 놀랐지?' 그러나 MZ들은 끄떡없었다. 커졌던 동공이 곧 본래 상태로 돌아오더니 대표격으로 질문을 건넨 회원이 다시 입을 열었던 것이다. "어머, 난 나랑 비슷한 줄! 그럼 언니네. 언니라고 불러도 되지? 승혜 언니!"

그렇게 예상치 못한 순간에 나는 '승혜 언니'가 되었다.

그들 역시 베일에 싸여 있던 나의 신상 정보를 안 뒤에는 좀 더 친근하게 느꼈는지 이전보다 더욱 편하게 말을 붙여왔다. 나 또한 많이 느슨해져 어느덧 수업 중간중간에 다른 이들과 함께하기 시작했다. 그렇게 몇 년을 고수해온 정치적 신념과 다짐이 폴을 타는 동안 흐지부지되어버렸다.

흥미로운 건 막상 겪어보니 누군가로부터 친밀하게 '언니' '동생'이라 불리는 게 생각보다 불편하지 않았다는 사실이다. 아니, 외려 재미있고 즐거웠다. 시간을 맞추어 같이 수업을 듣기로 약속하고, 만나면 반가워하고, 운동하는 모습을 서로 지켜보며 응원하고 지지해주는, 가끔 함께 밥도 먹고 일상도 나누는 관계가 생각보다 좋았다. 폴도 혼자 끙끙댈 때보다 더욱 잘 타지고 연습도 수월했다. 혼자 하는 운동이지만 함께하는 누군가가 존재한다는 사실은 큰 위로가 되었다.

기꺼이 기대고 마음껏 의존하기

●

폴 학원에서 알게 된 언니·동생이 늘어나면서 그간 스스로 세워온 원칙에 대해, 거의 강박적이다 싶을 만큼 지켜왔던 호칭과 존칭에 대해 다시 생각해보게 되었다. 어쩌면 지금까지 그토록 독립성과 자립심을 강조하고 중요시했던 이유는 역설적으로 내가 몹시 의존적인 사람이기 때문이었는지도 모른다. 독립된 개인으로 존재해야 한다고, 타인에게 의존하지 말아야 한다고, 일정한 거리를 유지하라고, 가까워져서 좋을 것 없다고 생각해왔는지도 모른다.

건강한 사람이 건강해지기를 꿈꾸지 않는 것처럼 본래 독립적인 사람이라면 독립적으로 생활하려고 노력할 필요가 없었을 것이다. 그간 너무 쉽게 의존하고, 너무 쉽게 기대하고, 너무 쉽게 마음을 주는 스스로가 못마땅했기에 혼자 똑바로 서서, 내가 가진 무게를 오롯이 감당하기를 더욱 갈망했는지도 모르겠다.

하지만 그건 모두 착각이자 환상이었다. 독립성과 자립심은 그저 남들에게 의지하지 않는다고 해서, 거리를 둔다고 해서, 친밀감에 벽을 친다고 해서 만들어지지 않는다. 이 세상에 아무에게도 기대지 않고 온전히 혼자 있을 수 있는 사람은 없다. 설령 존재한다고 한들 그러한 삶이 편안하고 건강하다고 말할 순 없을 것이다. '인간人間'이라는 한자부터가 '사람人 사이間'라는 뜻 아닌가. 독립과 자립의 가치 또한 중요하지만, 우리는 필요할 때 누군가에게 기대고 의존해야만 한다.

관계 또한 그저 호칭이나 존칭, 반말과 존댓말의 구분만으로 만들어지지 않았다. 친밀한 사이에도 적당한 거리감이 필요할 수 있다. 반대로 깍듯한 존칭과 호칭을 사용하면서도 상대를 기만하거나 능멸하는 것 또한 가능하다. 사람과 사람 사이의 선은 언제든 넘어갈 수 있었다. 남들은 성장기와 학창시절에 진작 끝낸 사회성 훈련을 나는 이제야 겨우 깨닫고 있다.

생각해보면 폴을 타면서 스스로의 무게를 들어 올리고 싶다는 바람부터 일종의 환상이다. 폴을 타면 마치 그런 사람이 될 수 있을 것만 같았다. 내가 나인 것을 견디고 받아들이면서, 내 무게를 거뜬하게 감당할 수 있는 사람. 삶의 무게 따위는 가볍게 버틸 수 있는 사람. 하지만 그런 사람은 없다. 아무렇지 않게, 너무나 가볍게 폴을 타는 것처럼 보이는 강사들이나 프로 선수들도 실은 온몸에 힘을 꽉 주어 '버티고' 있다. 그들도 각자 자신의 무게를 감당하느라 매 순간 최선을 다한다. 하긴, 폴을 타는 것부터가 '온전히' 홀로 있는 것이 아니다. 적어도 폴에 자신의 무게를 지탱하고 있으니 말이다.

이제는 호칭과 존칭에 집착하지 않는다. 물론 한국 특

유의 '가족 같은' 호칭이 낳는 문제점들에 대한 생각은 변함없지만, 전에 비해 조금은 융통성 있는 시선으로 바라본다. 그렇게 시간이 흐르면서 뾰족하고 모난 나의 성정도 조금씩 동글동글 마모되고 있는 것 같기도 하다.

다른 존재가 된다, 삶이 넓어진다

몇 년 전 이태원 부근을 지나다가 온몸에 피 칠갑한 사람을 보고 깜짝 놀랐던 적이 있다. '뭐야. 저 사람, 왜 저래! 괜찮은 건가?' 당황하다가 깨달았다. '아, 핼러윈데이가 돌아왔구나.' 정신을 차려보니 그 밖에도 미라부터 바니걸, 배트맨, 헐크, 간호사, 드라큘라 등 놀이동산에서나 마주칠 법한, 얼굴을 알아보기 힘든 분장과 온갖 화려한 복장을 한 이들이 거리를 가득 메우고 있었다. 한결같이 들뜨고 신나 하는 얼굴을 바라보니 감흥이 일었다.

내가 어릴 때만 하더라도 핼러윈데이는 말 그대로 '남의 집 잔치'에 가까웠다. 나는 인근에 미군 부대가 자리한 중학교를 졸업했는데, 학교 옆에 군인들만 거주할 수 있는 관사가 있었다. 일명 군인 아파트. 당연히 학교에는 군인 자녀들의 비율이 꽤나 높았다. 그전까지는 핼러윈데이 날짜조차 모르다가 중학교에 입학하고 군인 자녀들과 친구로 지내면서 처음 인지하게 되었다. 아침부터 몇몇 아이들이 사탕과 초콜릿을 나누어주었고, 출처를 묻는 내게 전날 아빠와 함께 미군 부대를 방문했다가 받았다며 핼러윈데이에 대해 알려주었다. 1년에 한 번, 유령들이 축제를 벌이는 날, "Trick or treat"라는 말을 주고받으며 아이들에게 간식을 잔뜩 나누어주는 날, 용돈이 부족해서든 건강에 신경 쓰는 부모 때문이든 여러 가지 이유로 평소에 접하기 어려웠던 초콜릿과 사탕을 실컷 먹을 수 있는 날.

그 아이들은 미국의 냄새가 잔뜩 배어 있는 온갖 쿠키와 초콜릿, 사탕이 가득한 커다란 봉지를 흔들며 돌아다녔고, 나머지 아이들 전부가 집에 가기 전까지 피리 부는 사나이 뒤를 쫓아가는 아이들처럼 졸졸 따라다녔다. 나도 그 무리에 포함되어 있었음은 물론이다. 그렇게 1년에 한 번씩, 떨어지는 콩고물을 주워 먹는 날이 3년간 이어졌다.

덕분에 덩달아 실컷 즐기긴 했지만 그래봤자 여전히 '남의 일'이었다. 민간인인 내가 미군 부대에 출입할 일은 없을 것이고, 그렇다고 핼러윈데이가 뭔지도 모르는 사람들 사이를 돌며 "사탕 하나 줍쇼!" 외치며 다닐 수도 없는 노릇이니까. 내게 핼러윈데이란 브라질의 토마토 축제나 아일랜드의 성 패트릭 데이처럼 아예 호불호도, 특정한 감정도 인상도 없는, 백과사전을 넘기다가 만나는 서양의 축제 가운데 하나였을 뿐이다.

남의 잔치가 내 것이 되던 날

중학교를 졸업한 뒤로 군인 자녀들과 마주칠 기회가 줄어들면서 자연스레 핼러윈데이의 존재 또한 잊혀졌다. 간혹 그즈음 이태원이나 홍대에서 평소에 접하기 어려운 화려한 옷차림을 보았어도 나와는 관계없는 특정인들의 이벤트라고만 여겼다. 그랬던 핼러윈데이가 출산과 양육을 거치며 새삼 다른 의미로 다가왔다. 어린이집과 학원 등에서 핼러윈데이 기념 이벤트라며 소소하게 초콜릿이나 사탕을 챙겨주기 시작하더니, 어느 순간부터는 10월 31일 전후로 아이들이 원하는 옷을 챙겨달라는 주문을 보내오기에 이르렀다(물론 강제는 아니었고, 어디까지나 아이들이 원한다는 전제가 있었다).

새로운 풍습에 적응하려니 귀찮고 번거롭기도 했지만 한편으로는 파티를 앞둔 심경이 그러하듯 재미있고 즐겁기도 했다. 특히 스파이더맨 의상을 입고 진짜 스파이더맨이라도 된 것마냥 용기백배하여 소파에서 바닥으로 점프하며 즐거워하는 첫째나, 전신에 해골 문양이 그려진 옷을 입은 채로 조심스레 "엄마, 사람들이 나 진짜로 해골인 줄 착각하면 어떡하지?"라고 묻던 둘째의 설렘과 불안함이 절반씩 뒤섞인 눈동자를 볼 때면 더욱 그러했다. 그렇게 매해 핼러윈데이를 기다리며 무슨 옷을 입을지, 사탕이며 초콜릿은 얼마나 받을지 잔뜩 기대하는 아이들이 부럽기도 했다. 내 어린 시절에는 몰랐던 놀이 하나가 새롭게 추가된 것이니까.

물론 축제란 기본적으로 나이에 관계없이 누구나 즐길 수 있다. 한때는 생소하게 여겨졌던 핼러윈데이가 점점 보편적인 문화로 자리 잡으면서 10월 31일이 임박할수록 특이하고 화려한 의상을 입은 이들의 출몰 빈도 또한 덩달아 높아졌다. 그런 이들을 볼 때마다 내심 '나도 한번 입어볼까?' 싶기도 했지만, 사회적 동물인 이상 주변의 시선을 의식할 수밖에 없었고 결국 여느 때와 마찬가지로 남의 집 잔치처럼 그 시기를 보내곤 했다.

그러니 폴댄스 학원에서 핼러윈데이 파티를 한다는 이야기에 얼마나 당황스러웠겠는가. 그러나 시간이 지날수록 조금씩 기대감이 차올랐다. 이 나이에, 아이 둘의 엄마로서, 주부로서, 친구 하나 없이 집과 폴댄스 학원과 도서관을 왕복하는 무명작가에게도 축제를 즐길 기회가 주어진다니. 각자 평소에 착용하는 폴웨어가 아닌 자유롭게 의상을 입고 폴을 타며 파티를 즐기기로 했다. 무슨 옷을 입을지, 어떤 분장을 할지 고민하며 온갖 코스프레 사이트와 파티 의상 사이트를 샅샅이 뒤졌다. 어떻게 놀아야 잘 놀았다고 소문이 날까.

고심 끝에 1970~1980년대 일본 만화나 1990년대 홍콩 영화 속 캐릭터가 입을 법한 옷을 구매했다. 배송된 옷을 입고 거울 앞에 선 순간에는 마음속이 여러모로 복잡했다. 생전 처음 입는 옷차림이 민망하고 부끄러우면서도 그 모든 감정을 뚫고 나오는 설렘과 묘한 흥분이 있었다.

돌아온 핼러윈데이 당일. 파티는 무척 성공적이었다. 경찰관부터 고전 영화에 자주 등장하는 메이드, 〈오징어

게임〉 속 경비원, 유령, 세일러 문, 가오나시, 피카츄 등이 한데 모였다. 물론 폴웨어가 아닌 의상을 입고 폴을 타려니 동작에 제약은 있었지만, 개의치 않았다. 그날은 어디까지나 수업이 아닌 파티를 위해 모인 자리였으니까. 각자 준비한 다양한 의상을 입고 폴을 타고 온갖 포즈를 취하면서, 서로 사진을 찍고 찍히면서 그렇게 한참을 웃고 떠들었다. 평소와 다른 모습이라는 사실에 모두 들뜨고 설레었는지 그날만큼은 다들 유독 친근하고 열려 있는 분위기였다.

    비로소 이해했다. 매해 핼러윈데이 시즌마다 추위와 남들의 시선을 무릅쓰고 기리에 등장하던 사람들의 마음을. 달라지고 싶지만 현재의 자신 또한 포기할 수는 없을 때, 일탈을 꿈꾸지만 실천하기는 불안하고 두려울 때, 한 번쯤 꿈꾸었던 판타지를 실현하고 싶을 때, 핼러윈데이는 또 다른 존재가 될 기회이자 아주 유용한 해방구였다. 딱 하루라는 정해진 시간 속에서, 제한된 일탈 안에서 느끼는 특별한 해방감과 즐거움. 그날 파티가 끝난 뒤 강사들에게 거듭 인사했다. 이런 거 처음 해본다고, 너무 즐거웠다고, 고맙다고. 비단 나뿐 아니라 다른 이들의 후기 역시 비슷했던 것을 보면 모두 같은 마음이었던 모양이다.

'왜 갔냐' 대신 '왜 못 돌아왔냐'를 묻는 사회

폴댄스 파티가 이루어진 이듬해인 2022년 10월 29일 서울 이태원에서 10.29 참사가 일어난 후, 이날에 대해 오래도록 생각했다. 이태원의 한 골목길에 핼러윈데이를 맞이하여 대량의 인파가 동시에 몰렸다가 159명이 사망하고 195명이 부상을 입는 대형참사였다. 2020년대에 멀쩡한 사람이 길을 걷다가 압사 당할 수 있다는 것, 그러한 사고로 몇백 명의 사상자가 발생할 수 있다는 것도 믿을 수 없었지만, 더욱 놀라운 것은 정부의 대처였다. 윤석열 정부는 참사 이후 침묵으로 일관했다. 죄송하다거나, 책임자를 탓하는 조치조차 없었다.

정부의 무대응 앞에서 유족의 슬픔은 뒷전이 되었고, 여론은 사건의 원인이나 재발 방지와 책임에 집중하기보다는 피해자들을 탓하기 시작했다. "놀다가 죽었다"고 손가락질했다. 애초에 왜 거기에 갔느냐고 물었다. 사람 많은 곳에 간 일 자체가 잘못이라고 말했다.

고인들이 겪었을 고통과 두려움을 떠올리며 가슴 아피히는 것과 별개로 그 과정을 지켜보면서 크게 상처를 받았다. 놀다가 죽어서는 안 되고, 일하다 죽어야만 애도를 받을 자격이 생기나? 사람 많은 곳에 가서는 안 되나? 누구도 365일 24시간 일만 하고 살 수 없다. 사람에게는 자유로운 시간이, 웃고 떠들며 즐길 여유가 필요하다.

    참사 이후 수 년이 지난 지금까지도 핼러윈데이 즈음이면 그날에 대해 생각한다. 아니, 실은 폴을 타면서도 종종 생각하곤 한다. 크게 보면 평소와 다른 폴웨어란 의상을 입고, '폴 위'라는 다른 세계에 접속하는 폴댄스 또한 일종의 변신이나 마찬가지이기에. 그 변신의 과정에서 짜릿함과 즐거움을 경험할 때마다 역설적으로 참사가 떠오른다. 말하고 싶다. 핼러윈데이는 당신들이 생각하는 그런 불순한 것이 아니라고. 그에 더해 사람은 일하다가든, 놀다가든, 그렇게 갑자기 대책도 없이 죽어서는 안 되는 존재라고. 그리고 그러한 죽음에 대해 누구도 손가락질할 수 없다고.

지난한 아픔에 직면하는 법

폴댄스에서만 사용되는 단어가 몇 가지 있는데. 그중 하나가 '올레벨'이다. 흔히 실력에 따라 회원을 입문-기초-초급-중급-고급 등으로 나누어 커리큘럼을 가르친다면, 누구나 수강 가능한 올레벨은 회원별로 실력에 견줘 개별적으로 진도를 나간다. 수업을 이끌어나가는 강사로서는 조금 귀찮고 번거로울 수 있겠으나 배우는 입장에서는 더할 나위 없이 좋다. 지금 당장 대회에 나가도 입상할 만큼 실력이 출중한 회원부터 이제 막 폴에 매달리는 법을 배운

병아리 회원까지 모두 한 공간에서 수업을 듣는다.

어제는 수업 3회차인 초급 회원과 일명 고인물인 내가 같이 수업을 들었다. 각자 진도에 맞추어 열심히 연습하고 있는데, 문득 초급 회원의 동작을 봐주던 강사의 목소리가 들려왔다. "원래 처음에는 좀 아파요. 그런데 시간 지나면 괜찮아져요. 나중에는 하나도 안 아파요. 진짜예요."

돌아보니 초급 회원이 새빨간 얼굴로 두 눈을 질끈 감고 고통스러운 비명을 지르며 폴싯 동작을 하고 있었다. 폴싯은 폴을 허벅지 사이에 끼우고 앉는 동작으로 다른 많은 기술의 응용이 되는 기본 중의 기본이다. 이 동작에 특징이 하나 있으니, 바로 명예의 훈장(?)을 남긴다는 것이다.

대개 폴싯을 처음 배우면 다리 사이에 시퍼런 멍이 든다. 당연히 무척 아프다. 허벅지 안쪽의 말랑말랑하고 연약한 살을 쇠몽둥이로 비비는데 안 아플 리가 없지. 폴을 탈 때는 손과 발은 물론, 엘보(팔꿈치 안쪽)나 오금(무릎 안쪽), 허벅지 안쪽과 겨드랑이까지 몸의 온갖 부위를 사용한다. 평소 바깥 구경이라곤 거의 못 하고 지내던 연하디 연한 속살을 쇠몽둥이로 문지르다 보면 저도 모르게 앓는 소리를 내뱉게 된다. 평범한 사람이라면 아마 눈이 번쩍

뜨일 만큼의 고통을 느낄 것이다. 잘 상상이 가지 않는다면 허벅지 사이에 야구방망이를 끼운 채 힘을 꽉 주어보자. 바로 실감 날 테니까.

고통을 대하는 태도

고통스러워하는 초급 회원을 보고 있노라니 처음 폴싯을 배우던 때가 떠올랐다. 3회차 즈음의 나 역시 그와 비슷한 얼굴을 하고 있었을 것이다. 어금니를 꽉 깨물고, 미간을 잔뜩 찌푸린 채 고통을 참는 표정. 나는 누군가, 또 여긴 어딘가. 나는 왜 사극에서나 보던 주리를 셀프로 틀고 있는가. 수업이 끝날 때쯤 새빨갛게 달아오른 허벅지는 다음 날이 되자 온통 멍으로 뒤덮였다. 이를 본 남편은 '어디서 잔뜩 얻어맞고 온 것 같다'며 기겁했다.

폴댄스를 한다고 밝히면 "아프지 않아요?"라는 질문을 자주 받는다. 당연히 아프다. 사람마다 통각에 조금씩 차이는 있겠지만 기본적으로는 아프다, 그것도 무척. 아플 수밖에 없지 않나. 애초에 폴과 신체의 마찰력을 이용하는 운동이니 말이다.

아픈데 왜 아직도 하고 있냐고, 혹시 고통을 즐기는 게 취미냐고 물을지도 모르겠다. 이 질문에 대해서는 '다행히도 그 고통이 영원히 지속되지는 않기 때문'이라고 답할 듯하다. 나 역시 처음 풀싯을 배울 때 강사로부터 "원래 아프다"라는 위로 아닌 위로를 들었다. "시간이 지나면 하나도 안 아프다"라는 말도 들었다. 당연히 못 미더웠다. 지금의 고통이 시간이 지나면 괜찮아진다고? 그냥 하는 말이 아니고?

몸소 체험해본 결과, 그 말은 진실이었다. 가장 먼저 오금과 허벅지. 처음 배울 때만 하더라도 깊게 심호흡하고 마음의 준비를 한 뒤에야 엄두를 낼 수 있었던 팅커벨과 폴싯이 점점 아무렇지 않아졌다. 마찬가지로 폴에 닿을 때마다 고통스럽기 그지없던 허벅지 안쪽과 무릎 안쪽, 팔꿈치 안쪽 또한 회를 거듭하면서 점차 괜찮아졌다. 그러더니 어느샌가 '거의' 아프지 않게 되었다. 이것이 인체의 신비인가?

그사이 피부의 감각이 달라진 건 아니었다. 자주 사용한 부위에는 굳은살이 배겼지만 그렇다고 온몸이 굳은살로 뒤덮인 것도 아니고 대부분은 말랑한 속살 그대로였으니까. 통증을 견디는 데 단련된 것 역시 아니었다. 처음 써보는 부위는 여전히 아프고, 이미 단련된 몸 부위라 해도 익숙하지 않은 동작을 배울 때면 새로운 고통이 느껴진다. 그렇다면 대체 무엇 때문에 고통에 강해진 것인지, 비법 아닌 비법을 말하자니 결국 뻔한 답을 들고 오게 된다. 바로 시간과 경험이다. 극심한 고통에서 평온함에 이르기까지, 그동안 생긴 변화를 생각해보니 근본적으로 고통에 대한 태도가 달라졌다.

폴싯을 비롯하여 이른바 아픈 기술들을 처음 배울 때는 미처 겪어본 적 없는 생소한 고통에 정신을 차릴 수 없었다. 긴장과 공포에 떨다 보니 막상 힘줘야 할 부위 대신 다른 곳에 힘을 주곤 했다. 마치 주사를 맞기 전 간호사가 "힘 빼세요"라고 말해도 저절로 엉덩이에 힘이 들어가는 것처럼 말이다. 사타구니 쪽을 폴에 마찰시켜야 할 때 나도 모르게 그보다 조금 위쪽을 대는 식이었다. 그 결과 당장의 아픔은 덜할지언정 제대로 된 동작을 구사하지 못하고 다른 부위까지 근육통이 왔다. '아파야 마땅한' 부위의 아픔을 피하려다가 오히려 더 심하게 멍이 들었다.

이러한 경험이 반복되면서 어떤 기술이든 피하지 말고 올바른 부위에 정확하게 힘을 주어야만 한다는 사실을 알게 되었다. 아플까봐 두려워서 정작 다른 곳에 힘을 주면 훨씬 큰 고통이 따라온다. 외면하지 않고 고통을 직면하고 당당하게 맞서는 것, 그것이 오히려 고통을 최소화하고 기술을 성공시키는 결정적인 열쇠임을 알게 되었다. 또한 '이 동작에서 이 정도의 고통은 당연하다'는 사실을 받아들임으로써 전보다 훨씬 더 수월하게 견딜 수 있게 되었다.

인생도 폴과 비슷하다. 살면서 반드시 겪고 넘어가야 하는 고통을 괴롭다는 이유로 피하려 들다간 자칫 더 큰 시련을 맞이할 수 있다.

도망친 곳에 낙원이란 없으니

지난 몇 년간 지독한 슬럼프에 시달렸다. '다시 글을 쓸 수 있을까' 의심하는 순간이 잦았다. 그간 크고 작은 고비야 늘 겪었지만 이 정도로 심각하긴 처음이었다. 노트북 화면 앞에 앉기가 마치 낭떠러지에서 뛰어내리는 것처럼 두려운 나머지 계속 도망쳤다. 유튜브로, 넷플릭스로, 폴댄스 학원으로, 술로, 춤으로, 그 외 다양한 것들로. 글을 쓰지 않아도 되는 핑계는 끝도 없이 나왔다. 오늘은 몸이 안 좋으니까. 아이 숙제를 봐주어야 하니까. 출장 간 남편 없이 혼자 아이들을 돌보아야 하니까. 집 안이 지저분해서 청소를 해야 하니까. 조카의 돌잔치에 가야 하니까. 문제는 그렇게 도망치는 동안 마음은 점점 더 병들어가고 있었다는 사실이다.

도무지 벗어날 수 없을 것 같았던 길고 긴 터널 안에서 끊임없이 생각했다. 무엇 때문에 이토록 괴로운 것인지, 왜 나아지기는커녕 자꾸만 나빠지는지. 고민 끝에 얻은 결론은 그간 폴을 타며 깨달은 것과 크게 다르지 않았다. 결국 고통을 직면하지 않고 미루어두었기 때문에, 무섭고 두려워 자꾸 도망쳤기 때문에 그토록 괴로웠던 것이다. "도망친 곳에 낙원이란 있을 수 없는 거야"라고 만화 《베르세르크》 속 대사가 자주 회자되곤 했는데, 진실로 그러했다. 글을 쓰는 것이 두렵고 힘들어 도망쳤지만 무엇도 해결되지 않았다. 해결은커녕 점점 더 나빠지기만 했다.

살아 있는 동안 우리는 수없이 고통을 겪는다. 아마 기쁜 일보다는 고통스러운 순간이 더 많을 것이다. 개중에는 겪지 않는 편이 훨씬 더 좋을, 두 번 다시 겪지 말아야 할 고통도 있다. 폴댄스로 치면 내가 겪었던 갈비뼈 골절이나 발목 부상, 더 나아가 다시는 회복 불가능한 심각한 부상을 입은 경우도 있을 것이다. 하지만 적절한 고통은 적어도 폴댄스에서는 피해갈 수 없는 것이며, 이 운동의 정수라고 할 수 있다. 인생도 그렇지 않을까. 어떤 고통은 반드시 겪고 지나가야만 그 고비를 넘어갈 수 있다.

지난밤에 딸이 엉엉 울면서 자꾸만 꿈속에서 장난감들이 움직이고 괴물이 나온다며 잠들기가 무섭다고 했다. 왜 무서운 꿈을 꾸는지 모르겠다는 아이에게 말해주었다. 엄마도 어릴 때 무서운 꿈을 많이 꾸었다고, 잠드는 게 세상에서 제일 싫고 너무 두려워서 매일 할머니 손을 꼭 잡고 잤다고, 돌이켜보니 그건 어른이 될 준비였다고, 어릴 때 꿈속에서 무서운 일과 슬픈 일을 미리 연습한 덕분에 어른이 되어서 진짜로 슬프고 무서운 일을 겪을 때 조금 덜 아팠다고 말이다.

고통을 외면하지 않고 맞서기로 결심했지만 여전히 글쓰기는 두렵다. 실은 지금까지 두렵거나 고통스럽지 않은 적이 한 번도 없었다. 그렇다고 피해버리면 그 고통은 결코 끝나지 않는다. 글쓰기의 고통은 오직 글쓰기를 통해서만 극복할 수 있다. 폴을 타려면 반드시 폴에 마찰시켜야 하는 오금이나 허벅지나 엘보처럼, 겪고 지나가야만 그다음 단계로 넘어갈 수 있는 고통도 있는 것 같다. 이런 생각으로 지금도 어느 고통의 시기를 넘어가는 중이다. 다음 스테이지로 넘어가기 위해서, 다시 같은 고통이 찾아온다면 훨씬 더 수월하게, 더 평온하게 넘길 수 있기를 기대하면서.

못해도 망하지 않고, 잘해도 인생 바뀌지 않는다

'에어 인버트'는 이름처럼 폴을 타고 올라간 상태에서air 몸을 뒤집는invert 동작이다. 머리가 바닥을 향할 때가 잦은 폴댄스의 특성상 가장 중요하면서 기본적인 기술이다. 그럼에도 고난이도라 많은 풀러들을 고생시키는 동작이다. 특히 초급에서 중급으로 넘어갈 때는 에어 인버트를 제대로 할 줄 아는지 여부에 따라 기술의 범위가 확연히 달라진다.

폴의 세계 또한 다른 많은 운동처럼 넓고도 깊어서, 반드시 에어 인버트가 아니더라도 다양한 방식으로 몸을 뒤집을 수 있다. 어찌저찌 에어 인버트 '흉내'를 낼 수도 있고. 그럼에도 제대로 혹은 보기 좋게 풀을 타고 싶다면 반드시 이 동작을 마스터해야만 한다. 아무리 다른 동작을 멋들어지게 한들 에어 인버트를 망하는 순간 폴링이 볼품없어지며, '이 사람은 아직 초보구나' 하는 느낌을 주기 때문이다.

기술을 습득하는 데 걸리는 시간은 사람마다 천차만별이다. 나의 경우에는 1년여의 시간이 걸렸다. 폴댄스다운 동작을 할 수 있게 된 후로부터 1년. 심지어 폴댄스 경력 5년차인 지금도 완벽하게 구사하진 못한다. 한 가지 기술을 습득하는 시간치고는 짧지 않다. 무슨 소림사 수도승도 아니고 이럴 일인가 싶지만 달리 방법이 없다.

에어 인버트는 말 그대로 '기술'이기 때문에, 단순히 힘이 세다고, 유연하다고, 운동신경이 좋다고 되지는 않는다. 다른 한편으로는 힘이 부족하다고, 뻣뻣하다고, 운동신경이 없다고 무조건 실패하는 것도 아니다. 힘과 유연성과 기술력(운동신경)이 조화로운 상태에서 요령을 익혀야 하는데, 어디까지나 몸으로 하는 기술이기에 스스로 느끼고 깨우쳐야만 한다. 되는 사람은 아주 쉽게, 안 되는 사람은 아무리 애를 써도 안 되다 보니 문제인 것이다.

배우는 입장에서는 미치고 팔짝 뛸 노릇이다. 힘도 충분한 것 같은데, 나름대로 연습도 열심히 하는데, 다른 동작은 다 되는데, 대체 왜 왜 왜 왜 이 동작만 안 되는 것인가. 이제 갓 배우기 시작한 초보자가 나보다 훨씬 빠르게 기술에 성공하는 모습을 보면 생각이 많아진다. 신기하고 부러운 한편, 열등감과 자괴감과 질시 같은 부정적인 감정이 뭉게뭉게 솟아오른다. 분명 저 사람은 나보다 힘도 약한 것 같은데, 다른 건 하나도 못하던데, 시작한 지 얼마 되지도 않았는데 저걸 한다고?

이처럼 까다로운데다가 회원들이 가장 많이 연습하고 좌절하는 동작이기에 유튜브에만 검색해봐도 '인버트 하는 법'에 관한 영상이 줄줄이 뜬다. 특강도 자주 열린다. 나 역시 에어 인버트를 하지 못해 고생하던 1년간 오만가지 생각을 다 했다. 밤마다 관련 동영상을 보며 잠들어 꿈에도 등장할 정도였다. 꿈속에서 성공했을 때 너무 기뻐서 엉엉 울고, 깨고 나서 꿈이었다는 걸 깨닫고 서러워서 또 한 번 울었다.

모든 것은 곧 지나간다

얼마 전 병원을 방문해 종합건강검진을 받았다. 연말마다 받다 보니 검진을 마치고 나서야 비로소 한 해가 끝났다는 실감이 난다. 문진표를 작성한 뒤 직원들의 지시에 따라 여기저기 옮겨 다니며 각종 검사를 받았다. 대기시간에 병원 복도 의자에 앉아 멍하니 생각에 잠겼고, 지난 한 해를 돌아보다가 전반적으로 나쁘지 않았던, 내년에도 이대로만 가면 좋겠다고 생각하면서. 그런 스스로에게 조금 놀랐다. 돌이켜보면 올해가 마냥 좋거나 행복하진 않았던 것 같은데, 최근에도 별로 순탄치 않았는데 말이다.

특히나 지난여름 한 달가량 심적으로 무척 힘든 시기를 보냈다. 운전하다가 신호에 걸리면 멍하니 있다가 운전대를 부여잡고 울음을 터뜨릴 정도였다. '죽고 싶다'까지는 아니지만 사는 게 귀찮았고, 어떠한 것에도 의욕을 느끼지 못했다. 이러다가 정말 큰일 날 것 같았다. 하지만 정신을 차리고 보니 지금은 어느새 그저 '그런 일이 있었구나' 하고 넘어갈 수 있을 만큼 지나 있었다.

너무 고통스러우면 뇌가 자동으로 기억을 지워버린다던데, 드문드문 기억하는 그 시기에서 지워지지 않은 장면은 폴댄스 전문가반 졸업 공연 바로 직전에 기적적으로 에어 인버트를 성공했다는 사실이다. 이럴 수가, 내가 이 기술에 성공하다니, 그토록 꿈에 그리던 걸 마침내 해내다니. 문자 그대로 '하늘을 나는' 기쁨을 느꼈다. 폴에 발이 걸리거나 엉덩이가 바닥으로 떨어지지 않고, 가뿐하게 하늘로 솟아 있는, 두 다리가 정확하게 브이를 그리고 있다는 감격은 말로 차마 표현하기 힘들다. 그날은 새벽 늦게까지 영상으로 기록한 기술에 성공하는 순간을 수십 번도 넘게 돌려보았다. 심장이 뛰고 감격이 끓어올라 잠이 오지 않았다.

하지만 그렇게 하늘을 날 듯했던 기쁨도 그리 오래가진 않았다. 며칠이 지나자 '그런 일이 있었나' 싶을 만큼 가라앉았다. 이 동작으로 마음고생하던 시기에는 에어 인버트만 성공하면 모든 것이 해결될 줄 알았지만, 정작 그 고비를 넘어가니 또 다른 장벽이 줄줄이 나타났다.

올해가 최선의 한 해였던 것은 아니다. 직전 해에 큰 기대 없이 냈던 두 번째 책은 나름의 성과를 거둔 반면 정말이지 혼신의 힘을 기울여 쓴, 에너지와 시간과 마음을 투자했다고 할 수 있는 세 번째 책은 생각만큼 좋은 성적을 거두지 못했다. 외적으로 방해요소가 많았고, 차마 언급하기 곤란한 문제도 다수였다. 나름 믿고 의지하던 사람에게 모욕을 당하기도 했다.

그 밖에도 마음을 시끄럽게 하는 요소가 적지 않았다. 마감이 한참 전에 지나버린 미완성 원고, 오래 칼럼을 써 오던 신문사의 갑작스러운 이별 통보, 가까웠던 사람과 멀어진 것, 여전히 큰 발전이 없는 듯한 폴링, 크고 작은 많은 관계에서 느꼈던 여러 가지 일과 생각만 해도 골치 아픈 다양한 문제들이 있었다. 이런 순간순간마다 스스로에 대해 불만과 못마땅한 감정을 느꼈고, 자신이 한심해 견딜 수 없어 슬픔과 좌절을 느끼기도 했다. 그 결과가 운전대를 붙들고 엉엉 우는 일로 나타났다. 돌이켜보건대 그즈음엔 깨닫지 못했으나 심각한 우울증을 겪고 있었던 듯하다.

그때는 마치 덫에 걸린 느낌이었지만, 시간이 흐르고 돌아보는 지금은 그 사실이 묘하게도 위로가 된다. 그때 그 순간의 좌절과 슬픔이 지나갔듯, 지금 느끼는 고통과 좌절, 미움과 절망, 그게 무엇이든 결국 시간이 흐르다 보면 괜찮아질 것이란 생각이 들어서다. 그러고 보면 다치지 않고 폴을 탈 수 있기만을 바랐던 적이 있었다. 몸에 통증이 느껴졌을 때마다 큰 부상이 아니라 단순한 근육통이기를 염원하기도 했다. 실제로 단순 근육통임을 알고 크게 안심하고 기뻐했다. 졸업 공연만 무사히 마치기를 간절히 소망했다. 에어 인버트 기술 하나만 성공하면 소원이 없겠다고 끝없이 생각했다. 좋아하는 사람들과 보다 가까워질 수 있기를 열망했다. 힘들었던 세 번째 책 원고 작업이 끝나기를 고대했다. 끝마치기만 하면 모든 것이 해결될 것이라고 수없이 스스로를 위로했다. 이것만 마치면, 이것만 해결하면, 이것만 성공하면, 모든 근심 걱정이 사라지리라 믿었다. 하지만 그런 일은 결코 일어나지 않았다.

아무리 흔들려도 바다는 결국 바다

삶은 바다와 같다는 생각을 자주 한다. 폭우로 커다란 파도가 몰려올 때도 있고, 햇살이 비치는 잔잔한 수면이 이어지기도 한다. 하지만 파도가 몰아치는 날도, 고요하고 잔잔한 물결이 번지는 날도 바다는 결국 바다. 삶에서도 무언가를 실패한다고 해서 세상이 망하지 않고, 성공한다고 드라마틱하게 행복해지지 않는다. 물론 여전히 폴을 잘못 타고 온 날이면 낙담하고, 좋아하는 사람과 멀어지면 슬프고, 글이 안 써지면 마음이 괴롭다. 아이들에게 화내거나 불친절하게 군 날은 스스로가 미워진다. 마찬가지로 운동이 잘된 날은 기분이 좋고, 좋아하는 사람과 가까워지면 행복하고, 글이 잘 써지고 가족들에게 좋은 일이 생기면 기쁘다.

그러니 작년도 올해도 모든 것이 변화한 동시에 큰 틀에서 보면 변하지 않은 것이다. 시간은 여전히 흐르고 삶은 계속된다. 이 사실이 고달프면서도 오늘의 나에게 위로가 된다.

> **TIP** 세상 모든 여자들에게

• **꾸준히 유연성을 기를 것**
적당한 근력만큼이나 적절한 유연성도 너무나 중요합니다. 유연성은 삶의 모든 요소에 영향을 미칩니다. 유연하면 어떤 운동이든 더 빨리 배울 수 있고, 부상 방지에도 도움이 됩니다. 스트레칭을 꾸준히 하면 유연해질 뿐 아니라 통증 예방에도 효과적입니다. 특히 장시간 앉아서 일하는 K-노동자들에게는 더할 나위 없지요. 더 어릴 때부터 스트레칭을 꾸준히 했더라면 지금보다 유연하지 않았을까 하는 아쉬움이 있습니다.

• **'언젠가'를 버리고 '지금 당장' 할 것**
'언젠가 꼭 해봐야지'라는 마음은 시간이 지날수록 각종 여건 등으로 더 시도하기 어려워지는 경우가 많습니다. 호기심이 생기거나 배워보고 싶은 것들은 가능한 한 용기를 내서 도전해보았으면 해요. 저는 한때 플라멩코를 배워보고 싶었는데요, 호기심에 시작했던 탱고와 폴댄스가 제 인생 운동이 된 것처럼, 설령 중간에 그만두더라도 플라멩코 같은 색다른 스포츠나 취미에 더 많이 도전했더라면 제 삶이 얼마나 다채로워졌을지 궁금합니다.

나가며

이 세계에서는
서두를 필요 없으니까

"잘했어요, 승혜 님. 근데 제발 좀 차분하게 타세요. 다 좋은데 매번 너무 급해. 평소에도 성격이 급한 편이죠?"

폴을 처음 배울 때부터 줄곧 들어오던 조언이다. 바로 폴을 차분하게, 여유를 가지고, 우아하게 타야 한다는 것.

누군가의 몸짓이나 행동을 보면 성격을 알 수 있다. 함께 아르헨티나 탱고를 추는 친구들 사이에서도 '춤을 춰보면 그 사람의 성격이 보인다'는 이야기를 자주 한다. 평소에 느긋한 사람은 느긋하게 추고, 급한 사람은 정신없이 추고, 익살과 유머가 넘치는 이는 춤에도 그러한 분위기가 묻어난다고. 그래서인지 강사로부터 '성격이 급한 편이냐'는 질문을 들었을 때 뜨끔할 수밖에 없었다. 춤처럼 폴링에도 성격이 드러나는구나.

휴대전화 속 사진첩을 정리하다가 우연히 폴을 탄 지 1~2년차 무렵 찍어두었던 영상을 발견했다. 당시에는 몰랐는데, 영상 속 나는 누가 쫓아오는 것처럼 서두르고 있었다. '이러니 매번 차분하게 타라는 이야기를 듣지. 쯧쯧.' 반면 비교적 최근에 찍은 영상에서는 과거와 상당히 달랐다. 동작도 더 정확해졌으며 같은 동작이어도 좀 더 오래 유지할 수 있게 되었다. 여전히 급한 부분도 있었지만 과거에 비하면 장족의 발전이었다.

한때는 차분함이나 여유로움이 마음에서 나오는 줄로만 알았다. 그저 내 성격 때문에 폴을 급하게 탄다고만 생각했다. 하지만 똑같은 사람인데도 과거와 현재 나의 폴링에는 분명한 차이가 있었다. 불과 5년 만에 성격이 180도 바뀌었을 리도 없는데 대체 무엇이 이런 차이를 만들어낸 것일까.

그 비결은 다름 아닌 힘과 근력이라는 결론에 도달했다. 폴을 타며 힘과 근력이 크게 늘었는데, 근력이 있기에 힘이 있고, 힘이 있기에 잘 버틸 수 있으며, 잘 버틸 수 있기에 더 차분하게, 편안하게, 오래 같은 동작을 유지할 수 있었던 것이다. 그러면서 깨달았다. 누군가의 폴링이 급한 이유는 물론 성격 때문일지도 모르지만, 사실은 근력이 부족해서라는 단순한 이유일 수도 있다는 것을.

어쩌면 마음 또한 비슷할지도 모르겠다. 성격이 급하다는 것은 마음에 여유가 없다는 뜻이고 마음의 여유가 없다는 건 마음의 힘, 즉 마음의 근력이 부족하다는 말일지 모른다. 나는 늘 마음이 급했다. 무언가를 확실히, 빠르게 결정짓기를 원했다. 조마조마한 상태를 잘 견디지 못했다. 일할 때도, 글을 쓸 때도 빠르게 성과가 나기를 바랐고, 그러지 않으면 쉽게 실망했고, 금세 조바심을 내고, 일희일비했다.

사람을 대할 때도 마찬가지였다. 아주 쉽게 판단하고 호오를 결정하곤 했다. 이 사람은 마음에 드는 사람 또는 마음에 들지 않는 사람. 이런 행동은 좋은 행동 또는 나쁜 행동. 이러한 성향은 관계에도 영향을 미쳤다. 한껏 표현한 마음이 곧장 되돌아오지 않으면 금세 서운해하고, 실망해 쉽게 돌아서고, 쉽게 화를 냈다. 이러한 내 모습에 괴로워하기도 했고, 이 또한 나의 모습이니 받아들이자고 체념하기도 했다.

　그렇지만 초창기에 비해 확연히 달라진 나의 폴링 덕에 조금은 기대하게 되었다. 근육을 키우고 힘을 길러 이전보다 차분하게, 여유롭게, 우아하게 폴을 탈 수 있게 된 것처럼, 마음의 근육 역시 열심히 훈련하다 보면 조금쯤은 길러질지 모른다고 말이다.

　앞으로는 몸의 근육만큼이나 마음의 근육에도 신경을 써보려 한다. 보다 차분한 사람이 되고 싶다. 더 여유로워지고 싶다. 마음을 보살펴 더욱 단단하게 만들고 싶다. 쉽게 상처받지 않거나 타인에게 무감각해지거나 냉담해지는 단단함이 아니라, 누군가를 충분히 기다려줄 수 있는, 참아줄 수 있는, 오래 지켜봐줄 수 있는 그런 단단함. 그럴 수 있는 마음의 근력을 기르고 싶다.

　책이 완성되기까지 전적으로 이지은 편집자의 공이 컸다. 3년 전 다른 책을 작업하기 위해 만났던 첫 미팅 자리에서 요즘 폴을 열심히 탄다고, 기회가 되면 폴댄스에 관한 책도 써보고 싶다고 한 내 말을 들은 그는 무심코 '봉 잡은 인생'이라는 제목을 떠올렸고, 거기에 기대어 여기까지 올 수 있었다. 길고도 깊었던 슬럼프를 이 책을 쓰면서,

이 책을 쓰기 위해 폴을 타면서 버티고 넘을 수 있었다. 여러모로 부족한 작가를 지켜보면서 미흡한 원고를 다듬어주신 이지은 편집자와 출판 관계자 분들에게 다시금 감사드린다.

책을 쓰는 동안 언제나 그렇듯 많은 도움을 받았다. 운동을 할 수 있도록, 글을 쓸 수 있도록 늘 물심양면으로 도와주는 남편과 아이들, 매일 조금씩 달라지던 폴링을 다정하게 지켜봐주던 친구들, 성심성의껏 가르침을 아끼지 않은 많은 폴 강사들, 함께 폴을 타며 격려와 응원을 한껏 건넨 동료들, 마지막으로 이 책을 읽어준 독자들 모두에게 진심으로 감사하다는 말씀을 전한다.

봉 잡은 인생

1판 1쇄 찍음	2025년 7월 11일
1판 1쇄 펴냄	2025년 7월 18일
지은이	한승혜
펴낸이	김정호
책임편집	이지은
디자인	형태와내용사이
펴낸곳	디플롯
출판등록	2021년 2월 19일(제2021-000020호)
주소	10881 경기도 파주시 회동길 445-3 2층
전화	031-955-9512(편집)·031-955-9514(주문)
팩스	031-955-9519
이메일	dplot@acanet.co.kr
페이스북	facebook.com/dplotpress
인스타그램	instagram.com/dplotpress
ISBN	979-11-93591-39-0 03810

디플롯은 아카넷의 교양·에세이 브랜드입니다.
아카넷은 다양한 목소리를 응원하는 창의적이고 활기찬 문화를 위해 저작권을 보호합니다. 이 책의 내용을 허락 없이 복제, 스캔, 배포하지 않고 저작권법을 지켜주시는 독자 여러분께 감사드립니다. 정식 출간본 구입은 저자와 출판사가 계속해서 좋은 책을 출간하는 데 도움이 됩니다.